유배인의 섬 생활

큰 글씨 책

012

유배인의 섬 생활

초판 1쇄 인쇄 2020년 10월 27일
초판 1쇄 발행 2020년 11월 3일
—

지은이 최성환
펴낸이 이방원
편 집 정조연·김명희·안효희·정우경·송원빈·최선희·조상희
디자인 박혜옥·손경화·양혜진 **영 업** 최성수 **마케팅** 이예희
—

펴낸곳 세창미디어

신고번호 제300-1990-63호 **주소** 03735 서울시 서대문구 경기대로 88 냉천빌딩 4층

전화 723-8660 **팩스** 720-4579 **이메일** edit@sechangpub.co.kr **홈페이지** http://www.sechangpub.co.kr

블로그 blog.naver.com/scpc1992 **페이스북** fb.me/Sechangofficial **인스타그램** @sechang_official
—

ISBN 978-89-5586-630-8 03910

이 도서의 국립중앙도서관 출판예정도서목록(CIP)은 서지정보유통지원시스템 홈페이지(http://seoji.nl.go.kr)와
국가자료종합목록 구축시스템(http://kolis-net.nl.go.kr)에서 이용하실 수 있습니다.(CIP제어번호: CIP2020044322)

012

유배인의 섬 생활

최성환 지음

세창미디어
MEDIA

책머리에

섬 그리고 유배인: 스토리텔링의 시대, 이야기 보물창고

대한민국 사람에게 '섬' 하면 떠오르는 이미지는 어떤 것일까? 아마도 '고립', '소외' 이런 유의 단어가 먼저 연상될 것이다. 『조선왕조실록』을 비롯한 역사기록 속에서도 섬을 '절도', '절해고도', '원악도' 등으로 표현하여 '고립의 공간'이라는 인식이 강조되었고, 현대에도 각종 언론에 부정적인 이미지로 비치는 경우가 많았으니 이는 오랜 세월을 거치며 생겨난 고정관념이다.

그러나 문화사적으로 볼 때, '섬'에 고립의 이미지만 있는 것은 아니다. 한민족의 고대 해양 진출의 거점이 섬이었고,

오랜 역사 속에서 문화다양성을 창출해 내는 '소통과 교류의 공간'이기도 했다. 해금과 쇄국의 시대를 보냈던 조선시대에도 '섬'은 외부세계와 유일하게 소통할 수 있는 '숨구멍'이었다. 이를 상징하는 대표 키워드가 '표류'와 '유배'다. '표류'는 외부세계와의 소통이고, '유배'는 조선이라는 내부세계와의 소통을 뜻한다.

　　고대부터 섬은 중죄인을 보내어 중앙의 정치권력과 단절시킬 목적의 유배지로 활용되어 왔다. 그런데 조금만 시선을 달리하면 이 '유배제도'라는 것은 섬이 지닌 고립의 이미지를 벗어나 '소통과 교류의 문화상'을 보여 주는 매개체가 되기도 한다는 점이 흥미롭다. 유배는, 섬사람과 유배인의 만남을 통해 새로운 문화가 창출되는, 그야말로 '문화다양성의 보고'로서 섬을 주목하게 만드는 요소이다.

　　이 책은 바로 그러한 측면에서 '유배인의 섬 생활'을 조명하였다. 조선시대 유배인들이 섬에서 어떻게 생활했는지에 초점을 맞추고, 그 과정에서 이뤄진 소통의 역사를 찾아보고 싶었다. 아무리 신분이 높고 부유한 사람이라 하더라도 섬에 들어온 이상, 섬 주민들의 도움을 받지 않고는 살아가기가 쉽지 않았기 때문에, 자연스럽게 교류가 이루어졌다. 그리고 유배인들은 섬에서 경험한 일을 잊지 않기 위해 다양한 형태의 기록을 남겼다. 필자는 유배인들이 남긴 다양한 기록을 바탕으로 그동안 여러 편의 섬 유배인 연구 논문을 발표한 바 있다. 이 책은 그러한 연구 성과를 바탕으로 유배인들의 섬 생활 모습을 이해하기 쉽게 풀어서 쓴 것이다.

특히 가장 대표적인 유배지였던 현 전라남도 신안군의 흑산도·지도·임자도와 관련된 인물들의 스토리를 중심으로 삼았다. 섬에서의 여행기를 남긴 김약행, 섬 주민들과 벗이 되어 물고기 백과사전을 만든 정약전, 임자도에서 예술혼을 꽃피운 조선 최고의 문인화가 조희룡, 한 섬에 두 번이나 유배되어 잊을 수 없는 비망록을 남긴 박우현, 오늘날까지 그 학풍이 섬 마을에 유지되고 있는 김평묵, 20세기 초에 유배 생활을 하여 근대의 변화상을 읽을 수 있는 김윤식의 사례를 제시했다. 그리고 그들이 남긴 각종 기록물을 근간으로 다양한 섬 관련 문헌 자료와 섬 환경을 비교분석하여 서술하였다.

그동안 '유배문화' 하면 외부에서 온 똑똑한 선비가 미개한 섬 주민들을 깨우쳐 준다는 시각이 지배적이었지만, 인간관계에는 언제나 상호작용이 이루어진다. 유배인들은 '섬'이라는 자연환경과 섬사람들의 생활상을 통해 새로운 깨달음을 얻기도 했다. 또 섬 주민들은 외부에서 온 이방인들과의 만남을 통해 자신들의 정체성을 확립하고, 외부세계와의 연결고리로 삼기 위해 노력하기도 했다. 그 과정에서 많은 흥미로운 역사 기록물이 만들어졌고, 그 안에는 그동안 우리가 몰랐던 섬 고유의 지적 전통과 소통의 문화상이 담겨 있다.

서두에 이 책을 읽는 독자들의 섬 유배문화에 대한 전반적인 이해를 돕기 위해 섬 유배인 관련 제도와 유배 생활의 실상에 대해 분야별로 특징을 정리하는 글을 별도로 제시했다. 글의 말미에는 이러한 유배인과 섬사람들의 만남, 유배인을 포함한 섬사람들의 지적 전통을 이해할 수 있도록 섬마을에 대대로 내려온 독특한 '탈경계적 공간인식'에 대한 필자의 견해를 첨언하였다.

한국은 3면이 바다인 해양국가이지만, 섬에 대한 관심과 섬으로 흐르는 역사에 대한 연구 활동은 매우 부족했다. 독도와 관련된 일본의 망언이 있을 때만 섬 문화에 대한 관심이 고조되었다가 조금 지나면 금방 시들고는 했다. 다행히 최근에는 신(新)해양시대를 맞아 '섬의 날(8월 8일)'이 국가기념일로 지정되고, 섬에 대한 국민적 관심이 점차 증대되고 있다. 이러한 변화의 시점에 인문학적 시선으로 섬을 바라보고 이해하려는 노력이 필요하다. 섬이 지닌 '소통의 공간'으로서의 특징이 올바르게 이해되고, 그 가치에 대한 공감대가 넓어지길 기대한다. 부족한 글이지만 스토리텔링의 시대, 이야기 보물창고로서 섬과 유배인의 만남을 소재로 한 이 책도 섬에 대한 국민적 관심을 높이는 작은 디딤돌 하나가 되기를 바란다.

2020년
섬을 사랑하는 최성환

차례

프롤로그:

섬과 유배인, 그 오해와 진실

섬 주민들은 유배인들이 자신의 마을에 들어오는 것을 어떻게 생각했을까? 학식 높은 사람이 섬마을에 들어오니 모두가 환영하는 마음이었을까? 섬사람들에게 유배인이 오는 것은 현실적으로 큰 부담이었다. 조선 후기에는 그것이 사회적 문제가 되기도 했다.

섬, 문화 스토리텔링의 보고

최근 들어 한국의 섬에 대한 국민적 관심이 증가하고 있다. 지난 2018년도에는 8월 8일을 국가기념일인 '섬의 날'로 지정하였고, 2019년에는 섬이 가장 많은 전라남도의 목포와 신안군에서 합동으로 제1회 기념행사를 개최하였다. 또한, 전국에서 섬을 '가고 싶은 곳', '살고 싶은 곳'으로 만들기 위한 지자체의 노력도 활발하게 진행되고 있다.

섬은 아름다운 자연환경을 지닌 생태자원으로서의 가치와 함께 육지와는 다른 독특한 인문환경을 지닌 문화다양성의 공간이라는 측면에서 스토리텔링의 보고로 주목된다. 그러한 측면에서 가장 중요한 섬 고유문화 중 하나가 '유배문화'이다. 외부 유배인과 토착 섬 주민의 만남을 통해 그 안에서 많은 역사와 문화가 역동적으로 창출되었고, 그와 관련된 수많은 문화유산이 지금도 여러 섬마을에 남아 있다. 과거 소외와 고립의 이미지로 치부되던 섬의 유배문화가 이제는 한국의 해양문화를 상징하는 고유한 문화자산으로 재탄생되고 있으며, 그 안에 담긴 여러 이야기 자원은 문화산업의 시대에 꼭 필요한 스토리텔링 자원이 되고 있다.

전통적인 형벌제도, 유형(流刑)

유배는 죄인을 먼 곳으로 보내 돌아오지 못하도록 하는 형벌 제도이다. 이미 고대부터 섬은 유배지로 활용되기 시작했다. 대표 유배지 중 하나인 현 신안군 흑산도를 예로 들어 보겠다. 고려 중기 중국 송나라 사절단의 일원으로 고려에 왔던 서긍이 1123년에 지은 『고려도경(高麗圖經)』 중 흑산도를 소개하는 부분에 "나라 안의 대죄인으로 죽음을 면한 자들이 흔히 이곳으로 유배 온다"는 기록이 있다.

이미 고려시대에 흑산도가 중죄인의 유배지로 활용되었음을 알 수 있다. 또한, 『고려사』에는 이자겸의 난과 관련하여 척준경(拓俊京)이 현 암태도로 유배된 내용, 대장군이었던 송

길유(宋吉儒)가 추자도에 유배 보내진 내용 등이 남아 있다. 이 외에도 흑산도에는 정수개(鄭壽開) 등 6인이 각각 유배되었다는 기록이 있다.

해양 활동이 제한적이었던 조선시대에 들어서면서 사회적으로 섬은 '절해고도(絶海孤島)'라는 인식이 더 강해졌다. 외부세계와 단절된 공간이라는 사회적 인식 속에서 많은 이들이 섬으로 유배되었다. 조선시대의 형벌 체계는 기본 법전인 『경국대전(經國大典)』에 명시된 태(笞)·장(杖)·도(徒)·유(流)·사(死)의 5형 체계였다. 이는 중국 명나라의 형률서인 『대명률(大明律)』에 따른 것이다.

이 중 유형(流刑)은 중죄를 범했을 때 사형시키는 대신 한양에서 멀리 떨어진 곳으로 추방해 중앙의 정치세력과 단절시키는 것이 주목적이었다. 때문에, 섬은 죄인에게 유형을 집행하기에 매우 좋은 장소였다. 물론 유배인에는 정치적 인물만 있는 것은 아니었고, 일반적인 범죄인들도 포함되어 있었다. 다만 오늘날 우리가 기억하고 회상하는 유배인은 대부분 학식 높은 선비이거나 관료였다는 점이 특징이다.

모든 섬은 유배지였을까?

조선시대 유배제도와 관련하여 흔히 모든 섬에 유배인

이 보내졌다고 생각하기 쉽다. 그러나 유배인이 보내진 섬들은 제한적이었고, 시대적 상황에 따라 변화가 있었다. 섬에 죄인을 정배(定配)하기 위해서는 그 사람을 관리할 수 있는 제도적 뒷받침이 필요했다. 즉, 최소한 유배인을 관리할 수 있는 행정 시스템이 갖춰져 있는 섬만이 대상지가 되었다.

조선 전기만 하더라도 유배지로 활용되는 섬은 매우 적었다. 1612년 『광해군일기』에는 "우리나라의 절도(絶島)로 제주·정의·대정·진도·거제·남해 등 6개의 고을이 있다"라는 내용이 등장한다. 광해군 시기에는 제주도·진도·거제도·남해 지역이 주로 유배지로 이용되고 있었음을 알 수 있다. 이후 섬이 유배지로 활용되는 빈도가 늘어나면서, 유배인이 보내지는 섬의 숫자도 자연스럽게 늘어나게 되었다.

임금별로 볼 때는 영조와 정조 대에 가장 많은 유배인이 섬 지역에 보내졌다. 조선시대 가운데 중흥기에 해당하는 이 시기에 상대적으로 유배인이 많았다는 점은 다소 의아한 현상이다. 왕위를 유지한 기간이 길었다는 점이 가장 현실적인 이유가 될 수 있다. 이 외에 몇 가지 사회적 배경으로 탕평책의 실시와 혹형의 폐지 등을 들 수 있다.

당대에는 상대적으로 정쟁이 많았고, 정치집단이 교체되는 상황이 자주 발생하였다. 또한, 혹형의 폐지에 따라 사형을 선고할 사항에 대해서도 유배형으로 대체하는 현상이 생겨났다는 점도 하나의 배경이었다. 이에 따라 죄인을 섬에 보내기 위해서 기존의 소수 섬만으로는 감당할 수 없었다.

수군진 설치와 유배인

_____섬 유배인의 숫자가 늘어난 것은 조선 후기 수군진(水軍鎭)의 설치와 밀접한 관련이 있다. 관방 체제의 정비에 따라 섬 지역에 수군진을 설치한 곳이 늘어났는데, 이는 섬 유배인을 관리할 수 있는 시스템을 갖춘 섬 지역이 늘어났다는 것을 의미하기도 한다. 섬으로만 이루어진 현 신안군의 경우, 조선시대에 유배인이 보내진 섬은 흑산도·임자도·지도 세 곳뿐이었다. 모두 조선 후기에 해상 방어의 지리적 요충지로 주목되어 수군진이 설치된 지역이라는 공통점이 있다.

물론 수군진이 설치되기 전에 유배인이 보내진 사례도 있다. 추자도에는 수군진이 설치되기 전인 17세기에 이미 유배인이 보내졌는데, 이때는 별도의 군현 및 관방시설이 없었다. 그렇지만 감영(監營)에서 추자도에 영둔전(營屯田)을 두어 운영하고 있었다. 군대 운영에 필요한 토지인 둔전이 설치된 이후 관리를 맡았던 둔장(屯長)이 추자도로 보내진 유배인들을 관리하는 업무까지 수행하는 것이 가능했기 때문에 소수의 유배인들이 보내진 것이었다. 이후 수군진이 설치되면서 더 많은 유배인이 보내지는 흐름이다.

좋은 섬과 나쁜 섬

      같은 섬이라도 육지에서 얼마나 멀리 떨어져 있느냐에 따라 인식이 달라졌다. 유배지로 사용된 섬 가운데 현 신안군 지도(智島)의 경우는 내륙과 가까워서, 섬이지만 비교적 사람이 살기 좋은 곳으로 인식되고 있었다. 『인조실록』 1627년 11월 17일 기사에는 "지도가 매우 기름진 곳"이라는 표현이 등장한다. 또 『영조실록』 1729년 9월 30일 기사에는 "지도·고금도·진도 등지는 비록 바닷속의 섬이라고는 하지만, 이는 곧 좋은 지역이다"라는 표현이 등장한다. 즉 섬이라고 하더라도 사람의 정주 환경이 그리 나쁘지 않은 곳이라는 의미이다.

      반면, 육지에서 멀리 떨어진 제주도·추자도·흑산도 같은 경우는 사람들이 살아가는 거주 지역으로서의 인식은 매우 좋지 않았다. 예를 들어, 1814년에 간행된 정조의 문집 『홍재전서(弘齋全書)』에는 추자도나 흑산도가 '원악도(遠惡島)'로 표현되어 있다. 『조선왕조실록』에는 '원악도'라는 단어가 116차례나 기록되어 있는데, 이는 대부분 유배와 관련된 내용이다.

      『영조실록』 1725년 3월 26일 기사 중 사화와 연루된 이들에 대하여 논하는 부분에는 "옛날에 이르기를 이 길은 형극(荊棘)의 50년이다. 흑산도는 사람이 살 곳이 아닌데, 어떻게 길을 열 수 있겠는가?"라는 표현이 등장한다. 또한, 1735년 4월 25일 기사에는 "흑산도는 험난한 바다와 악독한 장기(瘴氣)가 다른 정배지보다 가장 심하다"라는 내용이 남아 있다. 유배인 스스로가 남긴 기록을 통해서도 먼바다의 섬에 대한 당대 인식을 엿볼 수 있다. 1827년 흑산도에 유배된 이조원(李肇源)이 남긴 『흑해령(黑海吟)』 중 「제도탄(諸島歎)」에는 "금주(錦州) 십이도(十二島)에 소흑산(小黑山)이 가장 험악(險惡)"하다고 표현되었다. 정조 시기에 추자도에 유배된 안조원(安肇源)이 지은 「만언사(萬言詞)」에는 추자도가 하늘이 만든 '지옥(地獄)'으로 언급될 정도였다.

이처럼 같은 섬이라고 하더라도 육지에서 멀리 떨어진 정도에 따라 인식이 달랐고, 멀수록 중죄인을 보내는 방식이었다. 상황이 이렇다 보니, 유배인들의 섬 생활 양상도 지역에 따라 다르게 나타난다. 유배지까지 가는 과정, 현지에서의 생활, 주민들과의 관계 등 여러 면에서 다양하게 나타나는 것이 특징이다.

유배인의 압송 과정

유배인을 배소지에 압송하는 과정에 대한 행정절차는 유배인이 관직자인지 여부와 관직 고하에 따라 차등을 두었다. 관직자의 경우 조선시대 사법기관인 의금부(義禁府)에서 담당하였다. 정2품 판서 이상의 대신들은 의금부 도사가 압송하고, 종2품 참판 이하에서 정3품 당상관까지의 관직자는 의금부 서리, 정3품 당하관 이하 관직자는 의금부 나장이 압송했다.

그러나 중죄인에 해당하는 '위리안치(圍籬安置)'의 명을 받은 죄인의 경우는 신분에 관계없이 의금부 도사가 압송하는 것이 일반적이었다. 중죄인에게는 보통사람이 사흘 걸리는 길을 하루에 가도록 하는 '삼배도(三倍道)' 명령이 내려지기도 했다. 이 경우 압송관이 최대한 빠른 속도로 유배 장소로 이동할 수 있도록 재촉하였다. 그러나 실제 3배의 이동거리를 정확하게 지키는 것은 아니었다. 『의금부노정기』에 따르면 조선시대 유배인의 1일 평균 이동거리는 86리였다. 그런데 '삼배도' 명을 받은 흑산도 유배인 박우현의 경우 하루 최대 140리를 걸은 기록이 있고, 날씨와 지역에 따라 이동거리는 차이가 났다. 평균보다 더 빠르게 이동하는 수준이었다.

유배지까지 이동하는 방법도 다양했는데, 일반적으로는 압송관이 인솔하여 유배지까지 데리고 간 후 현지 관원에게 인계하는 방식이다. 다만 반드시 압송관이 계속 동행해서 가는 것이 아니라 유배 죄인의 노정을 재촉하고 중간중간 도착 상황을 점검하는 방식으로 압송이 행해지기도 했다. 또한, 유배지로 이동하는 과정에서 거치는 지역에서는 친분이 있는 사람이나 지역 관리들로부터 유배 생활에 필요한 후원금이 전달되기도 했다. 이 역시 사례에 따라 달랐지만, 유배지에서 필요한 경비를 지원하는 정도는 대개 묵인되었다.

걸어서 가는 것이 가장 일반적인 방법이지만, 상황에 따라 가마를 빌려서 이동하는 것도 허용되었다. 예를 들어 '삼배도'의 속도로 이동해야 하는데, 이동 과정에서 유배인이 다치거나 건강상 거동이 어려운 경우에는 오히려 가마를 빌려 빠르게 이동할 것을 재촉하기도 했다.

유배 장소에 도착하게 되면 죄인을 압송해 온 관리가 관복을 갖추어 입고, 해당 지역의 관리에게 인수인계하는 절차를 밟는다. 이른바, 착함(着啣, 문서에 직함과 성명을 적거나 수결)의 절차를 수행하여 압송책임을 마무리했다.

적거지의 보수주인(保囚主人)제도

죄인이 유배지에 도착하면 그곳에서는 어떻게 생활했을까? 기본적으로 거주 공간은 어떻게 마련했을까? 이 역시 유배인의 상황과 유배 지역의 사정에 따라 달랐으나, 기본 원칙은 있었다. 섬에 유배인이 오게 되면 지역 관할청에서는 '보수주인(保囚主人)'을 지정하여 유배인이 머무는 장소를 정한다. 이에 따라 머물게 되는 집은 '적소(謫所)'가 되고 유배인을 감호하는 책임을 맡는 지역민은 '보수주인'이 된다. 중죄인에 내려지는 위리안치의 경우에도 '보수주인'의 개념은 적용되었다.

즉, 유배된 사람들은 "보수주인을 정하여 안접(安接)하고, 기생(寄生)하는 것이 예규"였다. 유배인들이 남긴 기록에는 자신의 보수주인이 실명으로 언급되어 있기도 한데, 이는 당시 지역민과 유배인의 소통관계를 살피는 자료가 된다. 특히, 신안 우이도(흑산도)에서 유배 생활을 한 박우현의 『자산록(玆山錄)』과 진도 금갑도에서의 유배 생활을 기록한 김약행의 『적소일기(謫所日記)』 등에 잘 남아 있다.

물론, 육지와 가까운 지도에서 유배 생활을 했던 김윤식의 경우는 이와는 달리 자신이 직접 적거지 거처를 마련하기도 했다. 그러나 일반적으로는 유배인이 재력이 있다고 해도 섬사람들의 당시 생활여건상 처소를 따로 마련한다는 것이 쉽지 않았다. 특히, 당시 원악도로 평가되던 먼바다의 섬인 경우는 더욱 그러했다. 때문에, 섬에 들어온 이상 섬 주민들과 교류하고, 그들의 도움을 받아야만 섬 유배지에서의 생활을 견뎌 낼 수 있었다. 그래서 유배인들이 자연스럽게 섬 주민들과 교류하고, 그들의 삶에 동화되어 가는 현상이 나타난다.

유배인은 섬사람들에게 큰 부담

섬 주민들은 유배인들이 자신의 마을에 들어오는 것을 어떻게 생각했을까? 학식 높은 사람이 섬마을에 들어오니 모두가 환영하는 마음이었을까? 섬사람들에게 유배인이 오는 것은 현실적으로 큰 부담이었다. 조선 후기에는 그것이 사회적 문제가 되기도 했다. 궁핍한 섬 살림에 자신들도 먹고살기가 힘든 상황에서 유배인까지 보살펴야 했기 때문이다. 흉년이라도 드는 해에는 그 부담이 더욱 가중되었다.

예를 들면, 18세기에는 흑산도로 유배된 이가 95명이 넘었다. 지도의 경우는 근대기인 1894년 이후에만 50명이 넘는 유배인이 집중되기도 했다. 유배인 기록의 경우 구체적인 섬 이름이 없이, '절도'나 '원악도' 등으로 보내라는 식으로 남아 있는 사례가 많아 정확한 통계를 파악하기는 쉽지 않다. 때문에 실제 유배인은 이보다 더 많았을 것이다.

흑산도에는 너무 많은 유배인이 와서 섬사람들의 생활에 어려움이 심하니 제발 유배인들을 다른 곳으로 옮겨 달라고 청원하는 내용이 담긴 고문서가 전해 온다. 김이수(金理守) 문중에 보관되어 온 「등장초(等狀草)」라는 제목의 문서이다. 신안문화원에서 발간한 『김이수 전기』에 수록된 내용을 소개하면 다음과 같다.

아룁니다. 저희들이 살고 있는 섬은 탄알만 한 적은 땅으로 땅에는 곡식이 생산되지 아니하고 백성은 농사를 짓지 못하여 주민들이 죽도록 일해도 넉넉하지 못한데 죄인들이 이 섬으로 귀양 오는 사람과 아울러 영구히 진(鎭)의 노속(奴屬)이 된 자를 합하면 열아홉 사람이나 됩니다. 저들이 먹을 것도 입을 것도 없는 나그네의 곤궁함으로 이리저리 구르면서 울부짖는 모습을 보면 번거롭게 진정함을 기다리지 아니하고도 그 실상을 알 수 있을 것입니다.

그들이 실 한 오라기 곡식 한 낱으로 몸을 보호하고 입에 풀칠하면서 살아가는 것이 모두 섬사람들의 힘인데 이렇게 좁은 땅에 저들과 같은 여러 사람을 먹여 살리자면 비록 풍년이 든다 해도 접제(接濟)하기가 어려운 형편인데, 하물며 이와 같은 큰 흉년에 무엇으로 저들을 구제할 수 있겠습니까?

섬에 거주하는 주민들도 떠나가고 죽으려고 하는데 조

정에서 죄수를 가벼이 여겨서 모두 함께 죽이고자 한다면 안접(安接)하라는 뜻이 과연 어디에 있겠습니까? 섬 주민들이 굶주려서 죽는 허물은 저희에게 있다고 할 것이나 귀양 온 죄수들을 주려서 죽이는 죄는 섬 주민에게 돌아갈 것인즉, 제 앞가림도 못하는 궁한 백성이 또한 조정의 명령마저 지키지 못했다는 죄를 지게 되면 어찌 황망하고 민망스러운 일이 아니겠습니까?

더욱 급한 일은 읍의 죄인을 농사가 괜찮게 된 고을로 이감하는 것인데 상고해 보니 본진에도 그러한 사례는 매우 많았으므로 이에 감히 입을 모아 아뢰는 것입니다. 엎드려 비옵건대 순영에 논보하여 이 섬에 수감되어 있는 모든 죄인을 계문한 뒤에 배소를 정해서 옮겨 주실 것을 천번 만번 바랍니다.

당시 섬 주민들에게 유배인을 살피는 것이 얼마나 큰 부담이었는지 잘 묘사되어 있다. 또한, 섬에 흉년이 들면 형편이 좀 더 나은 다른 지역으로 죄인을 옮기는 사례가 더러 있었음을 알 수 있다. 유배인과 섬 주민들의 만남은 실제로 그리 낭만적인 일이 아니었고, 생존의 문제가 달린 일이었다.

유배인 관리, 점고(點考)

　　　　유배인에 대해 섬 주민들이 겪는 부담 중에는 생계를 보좌하는 것 외에 그들을 관리해야 하는 책임이 따른다는 것도 있었다. 섬 주민 가운데 보수주인이 정해지면, 이른바 유배 죄인을 관리하는 '점고(點考)'를 도와야 했다. '점고'란 유배인들이 도망가는 것을 막기 위해 만든 제도이다. 일반적으로 점고는 한 달에 두 차례씩 매달 초하루나 보름에 시행했다. 관할 지역의 관리는 이 점고의 과정에서 유배인에게 갖은 수모를 주기도 했다.

　　　　그러나 사정에 따라 한 달에 한 번 하거나 아예 생략하는 경우도 있었다. 원칙적으로는 관할 관청에 유배인이 찾아가 점검을 받아야 했지만, 대부분은 아전들이 찾아가 동정을 살피는 일로 대체하는 경우가 많았다. 특히 유배된 지 오래되었거나, 정치권력과 무관한 인물에게는 더욱 그러했다. 때문에, 점고 과정에서 유배인이 잘 지내는지, 특별한 이상 징후는 없는지를 수시로 보고해야 하는 의무가 섬 주민들에게 있었다. 만약에 이유 없이 유배인이 죽거나 사라진 경우 보수주인에게 그 죄를 따져 묻는 상황이다 보니, 섬사람들은 이런저런 이유를 대며 보수주인이 되기를 거부하는 상황이었다.

위리안치의 실제 상황

      섬에 죄인을 유배 보낼 때는 단순히 그곳에 사람을 보내는 것 외에 좀 더 구체적인 집행 방식이 존재했다. 일반적으로 어떤 섬에 '정배(定配)'시킨다는 형벌은 자유롭게 활동할 수 없도록 죄인을 보내는 해당 지역의 어느 관청에 배속(配屬)시킨다는 뜻을 포함하고 있다. 예를 들면 섬을 지키는 수군진에 군졸이나 노비로 배속시켜 일을 시키기도 했다. 또 하나 '안치(安置)'는 무거운 죄를 지은 사람에게 부과하는 형벌을 칭하는데, 유배 지역 내에 일정한 장소를 지정하고 그 안에 거주를 제한하는 것이다. 흔히, '위리안치(圍籬安置)'라고 하여 죄인의 집 주위에 울타리를 치거나 가시덤불을 쌓아 그 안에 가두는 것을 말한다. 이를 '봉쇄(封鎖)'라고 표현하였다.

      그런데, 이 위리안치의 원칙은 정말 철저하게 지켜졌을까? 적거지의 집 밖을 벗어나지 못한 상태로 오랜 유배 생활을 했을까? 실제는 그렇지 않았다는 점을 유배인의 기록을 통해서 알 수 있다. 일반적으로 섬에 유배된 죄인이라 하더라도 관내에서는 자유롭게 움직이는 것이 가능했다. 유배인이지만 산을 유람하기도 하고, 다른 유배인들과 교류하는 것도 가능했다. 적어도 관내라고 인정되는 지역 내에서는 거주지를 옮기는 것도 용인되었다. 이는 흑산도 유배인들의 사례에서 흔히 나타난다. 조선 후기 흑산도는 지금의 대흑산도와 우이도(소흑산도)를 포함하여 흑산도로 통칭되고 있었다. 따라서 내륙과 조금이라도 가까운 우이도에 대부분의 유배인들이 머물며 살았는데, 사정에 따라 대흑산도로 이주하여 머물기도 하는 등 비교적 자유로웠다.

유명한 정약전과 최익현 등이 우이도와 대흑산도를 오가며 유배 생활을 했던 것이 그런 이유였다. 최익현의 『면암집』에는 "귀양 와서 흑산에 사는 사람은 대흑산이나 소흑산이나 자기 편의대로 하였다"라는 내용이 남아 있다. '위리안치'의 명을 받은 인물들의 상황도 유사했다. 우이도에 '위리안치'된 박우현의 경우 지인들과 주변의 산을 유람하는 등 비교적 왕래를 자유롭게 했다는 점이 자신의 일기에 기록되어 있다. 그 과정에서 섬사람들과 지역민과의 소통도 자연스럽게 이루어졌다.

물론, 철저하게 행동에 제한을 받고 감시를 당한 사례도 있다. 제주도 유배인 조정철(趙貞喆)이 대표적이다. 그는 1777년 제주도로 보내진 후 13년을 제주도에서 유배 생활을 하다가 1790년에 추자도로 이배되었다. 그는 자신의 집안과 정치적으로 반대세력이었던 제주목사 김영수·김시구에 의해 의도적인 철저한 감시와 박해를 당한 사례이다. 그의 기록인 『정헌영해처감록(貞軒瀛海處坎錄)』에는 날마다 감시하며 밥 먹는 것, 책 보는 것까지 간섭하였다는 내용이 등장한다.

이러한 특수한 상황을 제외하고는 유배 생활의 기간이 길어지는 섬의 경우 행동을 철저하게 제한하는 것보다는 도망가거나 반역을 꾀하지 못하게 하는 수준에서 관리가 이루어졌다.

유배인에게도 휴가가 있었을까?

섬 유배인의 경우에는 종신형으로 보내지는 경우가 많았다. 물론 정치적인 상황에 따라 대부분은 어느 정도 기간이 지나면 해배되는 것이 일반적이나, 실제로 유배 기간이 길어져서 섬에서 죽는 사례도 빈번했다. 그렇다면 유배인은 절대 유배 지역을 벗어나지 못했을까? 기록을 보면 예외상황이 존재했다. 조선은 유교 국가였기 때문에 효를 실천해야 하는 특수한 상황에는 임시로 유배지를 벗어날 수 있는 휴가를 주기도 했다. 예를 들면, 부모가 위독하거나 사망했을 경우에 적용되었다.

유배인의 휴가와 관련하여 흥미로운 기록이 남아 있어 주목된다. 정약용의 제자 이강회가 우이도에 스스로 들어가 학문에 몰두하면서 남긴 문집 『운곡잡저(雲谷雜櫡)』에는 '휴가원(休暇願)'이라는 제목의 문서가 필사되어 있다. 유배인이 휴가를 신청하는 내용인데, 앞에서 밝힌 가족상을 당한 사례가 아니라 너무 오랫동안 고향을 가 보지 못했으니 죽기 전에 한 번만 허락해 달라는 내용이다. 이름이 확인되지 않는 이 인물은 당시 82세였다. 흑산진에 배속된 지 무려 50년이 지난 시점에서 이미 노쇠하고 기력도 약해져 죽을 날이 얼마 남지 않았다. 그는 본래 영남 사람으로 조상 땅의 분묘가 울산에 있는데, 유배된 후 한 번도 살피지 못했으니, 죽기 전에 한 번이라도 고향에 다녀올 수 있도록 관청에서 허락해 주기를 원했다. 당장 죽어도 이상할 게 없는 사람이니 조금도 의심하지 말고, 고향을 그리워하는 정을 위로해 달라고 간청하고 있다.

그의 소원이 수락되었는지는 확인할 수 없지만, 이렇듯 유배인의 관리에도 인정이라는 것이 존재했다. 유교의 나라에서 최대 덕목인 효를 실천해야 하는 경우에 적용하는 공식 휴가와 정치권력에서 무관한 노인의 경우 인정에 호소하는 휴가 사례가 있었음을 알 수 있다.

모든 유배인은 섬 주민의 존경을 받았을까?

흔히 섬에서 유배인이 살아가는 모습을 연상하면, 서당을 열어 후학들을 지도하는 모습을 떠올리게 된다. 그러나 모든 유배인이 그런 식으로 살았던 것은 아니었다. 같은 섬에 여러 사람이 동시에 오는 경우도 많아, 작은 마을에서 모두가 훈장을 한다는 것은 불가능했다. 무엇보다 섬사람들도 유배인이 어떤 이유로 인해 유배를 오게 되는지 잘 알고 있었다. 유배인의 권세와 학문적 성향, 유배 사유 등 요인에 따라 섬 주민들이 유배인을 대하는 태도도 달랐다. 그들 스스로 존경할 만한 인물을 스승으로 모시고 섬겼다.

예를 들면, 추자도에 유배 왔던 이진유(李眞儒)와 안조원(이명 안조환)을 대하는 주민들의 태도는 매우 대조적이었다. 안조원은 중인 출신으로 대전별감(大殿別監)을 지낸 인물인데, 정조 때 개인적인 비리로 인해 이 섬에 유배되었다. 그는「만언사(萬言詞)」를 지어 추자도 귀양살이의 아픔과 죄를 뉘우치는 내용을 문학작품으로 남겼다.

안조원의 경우 보수주인을 정할 때부터 이집 저집에서 문전박대를 당했고, 결국 관원이 힘없는 집에 강제로 떠맡기면서 겨우 처소 문제가 해결되는 양상이었다. 안조원은 살기 위해서 섬사람들의 일인 고기잡이와 나무 베기를 배워야 했고, 동네 아이들에게는 '귀양다리'라 놀림 받는 수모를 겪었다. 섬 주민들은 '귀양 와서 일하지 않는 유배인'에게 냉담한 반응을 보였다.

반면 명문 사대부였던 이진유에 대한 섬 주민들의 대응은 이와는 달랐다. 그는 1724년 경종의 서거를 알리는 고복부사(告訃副使)로 청나라에 갔다가 돌아오는 길에 당쟁으로 인해 유배된 선비였다. 그가 추자도 유배 생활을 주제로 남긴 「속사 미인곡(續思美人曲)」에는 섬 주민들의 도움에 고마움을 표현한 내용이 많다. 새로운 거처를 지을 때도 섬 주민들이 남녀 구분 없이 힘을 보태 주었다. 이렇듯 '추자도'라는 같은 섬으로 유배 되었더라도 상황에 따라 섬 주민들의 반응은 달랐다.

섬사람들이 유배인의 제단을 만드는 이유

_____ '섬마을에 유배인이 왔었다'는 과거 역사를 지역사의 측 면에서 어떤 시각으로 보는 것이 합리적일까? '사람 간의 관계' 는 상호작용이라는 관점에서 보는 것이 중요하다. 과거에는 유 배인이 섬사람들에게 미친 영향이라는 측면에만 치우친 경향 이 있었다. 예를 들면, 학식이 높은 육지의 선비가 섬마을에 들 어와서 미개한 주민들에게 학문과 예법을 전파해서 그 영향이 오늘날까지 남아 있다는 시각이다.

그 결과 섬 주민들은 자신들이 존경했던 유배인을 추모 하는 공간을 조성하게 되고, 그 흔적들이 오늘날 섬마을 유배 인 관련 유적으로 보존되고 있다는 식이다. 대표적인 사례가 진도의 봉암사(鳳巖祠), 신안 지도의 두류단(頭流壇), 임자도의 화 산단(華山壇), 완도 고금도의 영모사(永慕祠) 등이다. 우리나라 대표 유배지인 제주도에도 유교적 전통의 상징인 귤림서원 내에 오현단(五賢壇)이 조성되어 있는데, 역시 유배인의 비중이 크다. 중국의 대표적인 유배지인 해남도(海南島)의 경우에도 이 섬에 유배 왔던 소동파를 모신 소공사(蘇公祠)가 유명하다.

물론 이러한 추모공간 조성은 기본적으로 유배인에 대한 존경의 마음이 밑바탕에 있는 것은 사실이다. 그러나 좀 더 나아가서 생각해 보면, 단순히 존경하는 마음 그 이상의 목적이 복합적으로 존재한다. 섬사람들에게 유배인의 추모공간을 조성하고 유지하는 행위는 이러한 유배인을 매개체로 하여 자신들의 정체성을 확립하고, 외부세계와 연결하는 소통의 고리를 만들려는 노력이다.

즉, 제주도의 오현단은 유배인의 영향이면서 외부세계와 소통하려는 제주도 주민들의 의지이기도 한 것이다. 이런 것을 만들어 놓음으로써 "우리가 비록 외딴섬에 살고 있지만, 학문적으로 뿌리가 있고 명망가의 정신을 계승해 왔다"라는 자부심의 표현이 된다. 그러니 "우리를 섬사람이라고 무시하지 말아 달라"라는 것이다. 여러 지역 유배인 제단의 공통점은 건립 초창기보다 후대에 더 주민들의 관심도가 높아지고 참여자가 많아진다는 점이다.

지도향교의 경우가 하나의 사례가 될 수 있다. 지도는

조선 말기 대표 유학자인 김평묵이 1881년부터 약 4년 정도 유배 생활을 한 섬이다. 김평묵 사후, 주민들은 그를 모시는 제단을 만들었고, 1897년에 지도향교가 생기면서 그를 학문적 뿌리로 추모해 왔다. 지도향교 인사들이 내륙에서 열리는 모임에 참석하게 되면, 다른 지역에서 온 사람들이 지도가 비록 향교가 생긴 지 얼마 되지 않았으나 김평묵의 가르침을 받은 후예들이라며 상당한 예우를 해 준다고 한다. 실제 구한말 지도의 유림들은 김평묵을 매개체로 하여 최익현과도 연결되어 그의 문도로 이름을 올리기도 했다.

이처럼 섬사람들은 유배인을 매개체로 하여 외부세계와의 소통의 폭을 확대해 나갔으며, 학맥(學脈) 획득 및 지적 전통의 자부심 고취 등에 활용하였다. 즉, 유배인과의 관계는 섬 주민들의 정체성 확립 그리고 외부세계와의 소통을 위한 매개체였으니, 그 관계는 일방적인 것이 아니라 상호적인 것이었다고 보는 시각이 필요하다.

섬에서 유배인이 받은 영향

‘섬’은 공간적으로 단절의 이미지가 강하다. 그러나 섬사람들의 인문환경에는 ‘소통과 교류’의 요소들도 많다. 유배인의 문제는 그러한 측면에서 중요한 탐구주제인데, 섬과 유배인의 문제를 다룰 때는 유배인과 섬사람들의 관계를 어떻게 보는가가 중요하다. 섬사람들만 유배인에게 영향을 받은 것이 아니라, 유배인도 섬사람들과의 교류, 섬의 인문과 자연환경을 통해 영향을 받았다.

섬의 자연환경은 새로운 세계에 대한 관심으로 유배인을 이끌기도 한다. 정약전의 경우 바닷물이 들고 나는 해조(海潮)의 원리에 신비로움을 느꼈다. 달이 차고 기우는 것에 따라 어부에게 물고기가 많이 잡히고 덜 잡히는 원리가 이 해조와 밀접한 관련이 있을 것이라는 생각을 가지게 되었다. 흑산도 유배 생활 중에 해양생물 백과사전인 『자산어보(玆山魚譜)』를 집필하게 된 것도 바다가 지닌 섭리에 대한 관심에서 출발했을 것이다. 『자산어보』는 아무리 정약전이 뛰어난 학문적 역량을 지니고 있었다 해도 해양생물의 생태에 대한 섬 주민들의 토착 지식을 바탕으로 하지 않았다면 탄생하기 어려운 저작이다. 즉 외부에서 온 유배인의 학식과 지역 주민의 토착 지식이 결합하여 완성된 위대한 결과물이다.

조선 후기 지성인의 사표였던 김정희는 제주도에서의 유배 생활을 겪은 후 《세한도》라는 최고의 문인화를 만들어 냈다. 김정희의 섬 유배 생활이 그의 가치관에 많은 영향을 주었음을 보여 주는 흥미로운 일화가 전해 온다. 유배지인 제주도로 가기 전에 들린 해남 대흥사에서 그곳에 걸려 있던 이광사의 글씨를 보고 "저것도 글씨냐"라며 "당장 떼어 버려라" 하고 비판했던 그가, 훗날 유배에서 풀려난 후 다시 대흥사를 찾아 이광사의 글씨야말로 최고의 명필이라 칭송했다는 이야기이다. 9년간의 섬 생활을 통해 세상을 보는 시선도, 타인의 개성을 인정하는 마음도 달라졌음을 알 수 있다.

예술가에게 섬은 자신의 기량을 한층 성숙시키는 계기가 되기도 했다. 매화 그림으로 유명한 조희룡은 임자도 유배 생활 중 섬 주민들과 교류하면서 그들이 보았다는 용이 승천하는 모습을 토대로 '용매도'를 그리기 시작하여 자신의 예술세계를 한 단계 진화시켰다. 그동안 소재로 삼지 않았던 해안가 돌멩이도 화폭으로 새롭게 옮겨 오기 시작했다. 이렇듯 섬 주민과 유배인의 만남은 새로운 문화다양성의 창출로 이어졌다.

흥미로운 유배인 이야기

유배인에 대한 이야기는 그들이 스스로 남긴 기록과 섬 주민들의 설화를 통해 전해 온다. 그리고 이 이야기들은 참으로 '백인백색'이라 표현해도 좋을 만큼 각기 다양한 스토리를 지니고 있다. 더욱이 관찬 기록에는 담겨 있지 않은 지역의 숨겨진 사연과 시대상이 고스란히 남아 있어 사료적 가치와 함께 문화콘텐츠시대의 창작 소재로 주목된다.

해배된 후에 자신이 오랫동안 유배 생활을 했던 지역의 관리 책임자가 되어 돌아간 사례도 있다. 유배지에서 맺은 인연인 홍랑(홍윤애)과의 러브스토리로 유명한 제주 유배인 조정철은 13년간의 제주 유배 시절 갖은 고초를 받았다. 그 과정에서 자신이 사랑하던 여인 홍랑이 제주목사에게 고문을 당해 사망하는 일까지 경험했다. 그는 추자도와 내륙에서의 유배 생활을 지속하다 1805년에 해배되었고, 관직에 복직된 후 스스로 자청하여 1811년에 제주목사로 부임해 왔다. 자신이 피눈물을 흘리며 고된 유배 생활을 했던 곳의 최고 권력자가 되어 돌아온 것이다. 그는 자신이 사랑했던 여인의 혼을 달래고자 홍랑의 무덤을 찾아가 추모의 글이 담긴 '홍의녀묘'라는 비를 세웠다.

여성 유배인의 슬픈 사연도 전해 온다. 완도 고금도에 유배 온 여성과 그 딸이 수군진 군졸로부터 성희롱을 당하고, 그 모욕감에 바다에 빠져 스스로 목숨을 끊는 사건이 있었다. 이러한 비극이 발생했지만, 당시 관리 책임자들은 그 어떤 징계를 받지 않았고, 아무 일도 없었던 것처럼 넘어가 버렸다. 이후 해마다 그 유배인들이 바다에 빠진 시기가 되면 고금도 날씨에 이상기후가 발생했다. 이 이야기는 강진에 유배되어 있던 정약용에게 전해졌고, 정약용은 「기고금도장씨녀자사(紀古

水島張氏女子事)」라는 이름으로 기록을 남겼다. "큰바람이 남쪽에서 불어와 모래를 날리고 돌을 굴렸다. 바다에서는 산 같은 파도가 일었다. 파도의 물거품이 공중으로 올라가더니 소금 비가 되어 산꼭대기까지 비를 뿌렸다. 염분이 가득한 비는 해변의 곡식과 초목을 모두 소금에 젖게 해서 죽게 했다. 농사는 큰 흉년이 들었다. 또 이듬해 같은 날도 바람의 재앙이 지난해와 같았다. 바닷가 백성들은 그 바람을 처녀풍(處女風)이라고 불렀다"라고 되어 있다.

추자도 유배인 최봉주의 경우처럼 섬 유배 생활 후 실제 반역에 가담하는 사례(장혁진 모반사건)도 있고, 박우현과 최익현처럼 정쟁의 상대였던 이들이 작은 섬에서 함께 유배 생활을 하게 되는 경우도 있었다. 이른바 원수를 외나무다리에서 만나게 된 상황인데, 그들의 심정은 어떠했을까?

이렇듯 섬 유배인의 이야기는 참으로 무궁무진하다. 이런 이야기들은 문화콘텐츠시대 스토리텔링 자원으로서 충분한 가치가 있다.

1장

김약행, 대흑산도를 유람하다

김약행은 유배인의 신분이었지만, 대흑산도에 도착한 후 당시 대흑산도의 지방관속인이 춘식, 김계장, 최선경 등이 현지 안내를 맡아 대흑산도를 유람하였다. 행동에 감시를 당한 것이 아니라 오히려 안내를 받는 상황이었다.

임금에게 정사를 간언하던 김약행

　　　　　김약행(金若行, 1718~1788)의 본관은 안동이고, 호는 선화(仙華)이다. 우의정을 지낸 김상용의 5대손으로 1767년(영조 43) 문과에 급제하여 사간원 정언, 순천부사, 좌부승지 등을 역임한 인물이다. 그는 자신의 상소와 당쟁 등의 영향으로 모두 3차례나 유배 생활을 경험하였다. 그 첫 번째 유배지는 당시 나주에 속했던 오늘날의 전라남도 신안군 흑산도(黑山島)였다.

　　　　흑산도로 유배될 당시 김약행은 임금에게 정사를 간언하는 직책인 사간원(司諫院) 정언(正言)을 맡고 있었다. 유배된 이유는 1768년 5월 10일에 올린 상소문 때문이었다. 영조가 김약행의 상소문을 불태우라고 명령했기 때문에 정확한 내용은 확인되지 않지만, 예법과 관련된 그의 상소가 문제가 된 것으로 보인다. 이때는 김약행이 관직 생활을 시작한 지 불과 1년여밖에 되지 않은 시점이었다. 이를 통해 그의 강직한 성품을 엿볼 수 있다. 영조는 1771년 7월 29일에 이르러서야 김약행을 해배하도록 명하였다. 김약행의 묘비문에는 영조 임금이 "1768년에 올린 상소문을 돌이켜 생각하니 그 내용이 지금 보아도 매우 옳았다"라고 하시면서, 유배지에서 돌아온 김약행의 "관록을 더 올려 주시고 노고를 위로하셨다"라는 기록이 남아 있다.

그는 1768년 5월부터 1771년 7월까지 약 3년 2개월 동안 소흑산도(현 우이도)에서 유배 생활을 하였다. 김약행은 유배

김약행이 유배 시절 남긴 대흑산도 여행기 「유대흑기」

인이면서도 특이하게 섬 여행을 한 후 여행기를 남겼다. 그가 유배 시절 남긴 기록 가운데 1770년 2월 10일부터 18일까지 9일 동안 대흑산도를 유람한 내용을 담은 「유대흑기(遊大黑記)」가 있다. 이 글은 일기체 기행문 형식으로 이루어져 있다. 현존 자료는 필사본(20자 127행)이며, 김약행의 문집인 『선화유고(仙華遺稿)』에 수록되어 있다.

두 개의 흑산도와 유배인

_____흑산도는 전라도 서해안의 도서 중에서 가장 서쪽에 자리한 섬인데, 당시는 나주에 소속되어 있었다. 무안이나 영광 등 인근 고을이 아닌 나주에 소속되어 있었던 것이 특징이다. 이러한 지역을 월경지(越境地)라고 부르는데, 이는 지방행정단위의 소속 영역 중 다른 지방행정단위의 영역을 넘어 들어가 위치한 지역을 의미한다. 여러 가지 이해관계로 인해 이러한 현상이 생겨났는데, 조선 후기에는 현 신안군에 속한 흑산군도의 섬들은 모두 나주에 속해 있었다.

김약행은 흑산도로 유배되었지만, 실제로 주로 유배 생활을 한 섬은 오늘날 '흑산도'로 통용되는 '대흑산도(현 신안군 흑산면 본도)'가 아니라 '우이도(牛耳島)'였다. 우이도는 현재 전라남도 신안군 도초면에 속한 작은 섬이다. 섬의 모양이 소귀처럼 생긴 데에서 우이(牛耳)라는 이름이 유래되었다. 육지인 목포와 64.9km 떨어진 해상에 자리하고 있고, 우이도와 대흑산도는 약 38km 정도 떨어져 있다.

　　흑산도에 유배된 김약행이 어떻게 우이도에 거주하는 것이 가능했을까? 우이도의 현재 행정구역은 신안군 도초면에 속하지만, 문화적 뿌리는 흑산도(현 신안군 흑산면)와 연관이 깊다. 조선 후기에 우이도는 '소흑산도' 혹은 '흑산도'로 불리며, 원래의 흑산도(대흑산)와 같은 권역으로 인식되고 있었다. 즉, '우이도'도 '흑산도'였던 셈이다. 이러한 특징이 유배인의 거주에도 영향을 주었다. 대흑산도와 우이도가 같은 섬으로 인식된 것은 이곳에 설치된 수군진과 밀접한 관련이 있다. 수군진 설치와 유배인 거주의 관계에 대해 김약행은 「유대흑기」에 다음과 같이 기록하고 있다.

　　　지금 우이도에 별장(別將)이 거주하는 진(鎭)을 설치하여
　　　또한 소흑산(小黑山)이라 칭하니, 조사(朝士)로 귀양살이
　　　온 자들은 모두 우이진(牛耳鎭)에 자리를 잡고 살게 된다.

　　이 기록을 토대로 살펴보면, 우이도에 수군진이 설치되면서 우이도를 소흑산도로 부르기 시작했던 것을 알 수 있다.

우이도에 흑산진이 설치된 시기는 또 다른 유배인인 최익현의 문집인 『면암집』에 기록되어 있다. 최익현의 기록에 따르면 1676년에 본도(우이도)와 흑산에 흑산진이 설치되었다. 1872년에 제작된 〈전라우도나주지방흑산도지도〉에는 대흑산도와 우이도(소흑산도)가 함께 그려져 있는 것이 특징이다. 이 지도에는 대흑산도는 검게

〈전라우도나주지방흑산도지도〉(1872)

칠해져 있고, 우이도는 녹색으로 표현되어 있다. '흑산'이라는 지명은 섬에 산림이 울창해서 멀리서 보면 매우 검게 보인다는 뜻에서 유래했다. 이 지도에 대흑산도는 검지만, 우이도는 검지 않은 것을 보면 당시 행정의 편의상 인위적으로 하나의 같은 흑산도 권역으로 표기하게 되었다는 점이 나타난다.

　　조선 후기에 유배인이 섬으로 보내지는 경우는 대부분 수군진 설치와 맞물려 있다. 우이도에 수군진이 1676년에 설치된 후 본격적으로 이 섬으로 유배인이 보내지기 시작했고,

흑산도에 유배된 인사들은 육지와 조금 더 가까운 우이도(소흑산도)에 주로 머물렀다. 당시 대흑산도 역시 같은 흑산도로 간주되었으며, 같은 관할 구역 내에서는 비록 유배인이지만 이동이 비교적 자유로운 상황이었다. 이는 몇몇 사람들의 사례가 아니라 대부분 유배인들의 공통적인 상황이었다. 흑산도 유배인 가운데 가장 널리 알려진 정약전과 최익현이 그런 경우에 해당된다.

정약전의 경우 1801년 11월 말 흑산도 유배 명령을 받은 후 처음에는 우이도에서 생활하다가, 1805년 이후 대흑산도로 이주하였고 나중에 다시 우이도로 옮겨 와서 1816년 6월 6일, 생을 마감하였다. 최익현도 흑산도에 유배된 1876년에는 우이도에 살다가 이후 1877년 7월에 대흑산도로 이주하였다. 최익현의 『면암집』에는 "귀양 와서 흑산에 사는 사람은 대흑산이나 소흑산이나 자기 편의대로 하였다"라는 내용이 남아 있다.

이를 통해서 유배 온 사람들의 상당수가 대흑산도로 가지 않고, 우이도에 자리를 잡고 살았음을 알 수 있다. 아마도 우이도가 대흑산도보다는 육지에서 가깝고, 대흑산도로 가기 위해서는 험한 바다를 한 번 더 건너야 했기 때문일 것이다. 흑산도 유배를 명받은 김약행이 우이도에 거주하였고, 훗날 대흑산도를 유람할 수 있었던 것은 이러한 유배 공간의 특수성이 배경이 되었다.

전염병을 피해 대흑산도로

      우이도에서 유배 생활을 하던 김약행이 대흑산도 유람을 결심하게 된 시기는 유배된 지 2년의 세월이 흐른 뒤였다. 그는 대흑산도의 경치가 매우 좋다는 점을 익히 들어서 알고 있었다. 대흑산도와 우이도를 왕래하며 장사를 하는 상선이 많이 있었기 때문에 대흑산도에 대한 이야기를 자주 들을 수 있었던 것이다.

      김약행의 아들 이서(履序)는 평소에 대흑산도를 한번 구경하고 싶어 했다. 그러나 바다를 가로질러 먼 길을 나가는 것

오늘날의 대흑산도 항구 전경(신안군 제공)

이 위험하여 허락하지 않았다. 대흑산도에 있던 정약전이 훗날 동생인 정약용이 해배될 것이라는 소식을 듣고, 동생에게 거친 바다를 두 번 건너오게 할 수 없다는 이유로 다시 우이도로 돌아왔다고 할 정도로 우이도와 대흑산도 사이의 바닷길은 험하기로 이름난 곳이다.

　　김약행이 대흑산도로 유람을 떠나게 된 것은 우이도에 전염병이 돌았기 때문이다. 대흑산도로 옮겨 전염병도 피하고, 빼어난 풍광도 구경하자는 논의가 이루어졌다. 그는 "대흑산은 조금 깨끗하다 하니 험한 바다를 건너는 것이 비록 위태롭다 하나 전염병을 만나는 것도 또한 위태로우니 위태롭기는 한가지다"라고 생각하여 마침내 대흑산도에 가기로 결정하였다.

　　『영조실록』을 보면 실제 이 무렵인 1770년 2월에 전국적으로 전염병이 창궐했던 것을 알 수 있다. 그 여파가 우이도 지역까지 미쳤던 모양이다. 조금이라도 더 먼 곳에 있는 섬이 전염병으로부터 안전할 것이라는 생각이 유람을 떠나게 된 배경으로 작용했다.

　　동행한 사람은 김이서(金履序)·정여익(鄭汝益)·이봉원(李逢源) 3인과 동자 1인이었다. 김이서는 김약행의 아들이고, 이봉원은 황해도 유생으로 1769년 8월 19일에 흑산도 유배를 명받았던 인물이다. 정여익은 함경북도 명천 출신으로 훗날 고성(固城) 현령을 지낸 인물이다. 이 외에 당시 우이도에 유배 와 있던 인물 가운데 전라좌수사를 역임한 남익상(南益祥)과도 매우 친밀한 사이였는데, 대흑산도로 유람을 떠날 때는 그에게 특별한 사정이 있어 함께 하지 못했다. "홀로 남게 되어 뱃머리에 나와 손을 마주 잡고 작별하는 아쉬움은 이루 말할 수 없었다"라고 기록하고 있다.

9일간의 여행일정

김약행 일행이 전염병을 피해 대흑산도로 건너가 머문 기간은 1770년 2월 10일부터 18일까지 총 9일이다. 그는 우이도에서 출발하여 대흑산도를 여행한 후 돌아올 때까지의 주요 여정을 날짜순으로 기록을 남겼다. 250여 년 전의 여행기인 이 기록에는 그 어떤 자료에서도 찾아보기 힘든 당시 대흑산도의 고유 지명들이 그대로 담겨 있어 흥미롭다. 더불어 대흑산도에서 만난 사람들의 이름도 구체적으로 남아 있다. 대흑산도 유람의 전체 여정을 간추려 보면 다음과 같다.

10일 우이도 출발. 해상에서 송장(松腸)바위, 서광와도(瑞光臥島), 목맥도(木麥島)를 봄.
예미촌(曳尾村)을 지나고 진촌(鎭村) 도착.

진장(鎭將)이 머무는 행관(行館) 도착.

11일 가도(駕島), 다물도(多勿島), 정수도(井水島)를 바라봄. 진촌(鎭村) 주변 풍경을 살핌.

12일 피로가 채 가시지 않은 데다 기후도 좋지 못함. 진촌 앞 언덕에 있는 반석타맥장(磐石打麥場)에 올라, 주변의 경치를 봄.

13일 신당(神堂), 당고개를 지나 옛 군(郡) 터로 들어감. 쌍석탑(雙石塔) 곁에서 휴식하며, 진촌의 산수 형세를 살핌. 옥도(獄島)를 바라봄.

산성(山城)이 완연하게 아직 남아 있음.

천구미동(淺鳩尾洞)에 사는 구임 대장(代將) 황종(黃琮)이 와서 만남.

14일 섬사람들의 궁핍한 생활을 실감함. 천구미(淺鳩尾) 해은사(海隱寺)를 방문.

석문암(石門岩)을 바라봄. 지통(紙筒)이 있는 것을 봄. 홍어회에 술을 마심.

15일 벌목의 폐해를 봄. 행관(行館)으로 돌아옴.

16일 비가 내림. 섬 주민 첩역(疊役)의 폐단을 자세히 들음.

물이 차서 포녀(浦女) 작업 구경을 하지 못함.

17일 모랫둑을 산책. 반석타맥장에서 사방 풍경을 살핌.

18일 예미촌, 다물도, 호장도(虎長島)를 보면서 가도(駕島)를 빠져나와 우이도에 도착함.

대흑산도에 도착한 후 김약행 일행은 처음 이틀 동안은 휴식을 취하며, 행관 주변을 구경하고 있었다. 우이도에서 대흑산도로 이동하는 바닷길에서 고충이 심했기 때문에 여독을 푸는 데도 시간이 걸렸고, 날씨 또한 좋지 않았던 것 같다. 이틀이 지난 13일부터 진촌, 옛 군 터, 천구미 등을 중심으로 직접 걸어 다니면서 대흑산도를 유람하였다.

김약행은 유배인의 신분이었지만, 대흑산도를 유람하는 데 특별한 제한을 받지는 않았다. 대흑산도에 도착한 후 첫날 처소로 삼은 곳은 대흑산도의 진장이 머무는 행관이었다. 이후 당시 대흑산도의 지방관속인 이춘식, 김계장, 최선경 등이 현지 안내를 맡아 대흑산도를 유람하였다. 행동에 감시를 당한 것이 아니라 오히려 안내를 받는 상황이었다. 유배인에게 이런 대접이 가능했던 이유는 우이도에 유배 와 있던 남익상과의 친분관계가 중요한 배경이 되었을 것으로 추정된다. 남익상은 비록 "흑산도에 충군"하라는 명을 받고 우이도에 와 있었지만, 제주목사와 수군절도사를 지낸 인물이었다. 비록 그는 대흑산도 유람 길에 동행하지 못했어도 그와 친밀한 관계에 있는 인사들이었기 때문에 수군진과 관련된 사람들이 현지 안내를 도왔던 것으로 보인다. 또한, 우이도로 돌아갈 때도 섬 지역 소나무의 벌목을 관리하던 금송감관(禁松監官) 김계장이 호송을 자처하여 우이도에 무사히 도착하게 되었다.

　　이처럼 죄인의 몸으로 외딴섬에 격리된 유배인이라 하더라도 지역의 인사들과 교류하고, 어느 정도 거동의 자유가 인정되는 상황이었음을 김약행의 대흑산도 유람 과정을 통해 알 수 있다.

김약행이 본 흑산도의 문화유적

　　　김약행의 「유대흑기」에는 흑산도 유람 중 살펴본 유적지에 대한 기록이 상세하다. 이는 대흑산도의 역사적 흐름과 유적에 대한 당대 인식을 살펴볼 수 있는 중요한 자료이다. 기록에 나타난 주요 유적들의 명칭은 다음과 같다.

신당(神堂), 고군기(古郡基), 쌍석탑(雙石塔), 산성(山城), 옥도(獄島)

　　이 가운데 대흑산도 유적의 중심은 옛 군 터이다. '군 터'

라는 것은 대흑산도에 군(郡) 소재지가 존재했다는 사실을 전제하는 것이다. 이곳은 현재 주민들이 '관청 터'라 부르는 읍동 마을 일대이다. 지금도 주변에서 각종 도자기 편과 옛 관사 건물 흔적이 발견되고 있다.

김약행 일행은 진리에서 출발하여 옛 군 터로 가는 길에 신당(神堂)을 보았다.

> 신당 앞을 지나치게 되었는데 나무가 우거지고 그늘이 깊어 마치 귀신이 붙어 있는 것 같았다. 당고개를 내려 오니 모래밭이 있어 모래를 밟고 가는데 가늘고 곱기가 분가루 같다.

신당은 진리에서 읍동으로 가는 길에 있는 현 '진리당'을 의미한다. 이곳은 대흑산도에 존재하는 여러 곳의 당(堂) 가운데 본당에 해당하며, 매년 정월, 당제를 지내 오던 곳이다. 주변에 초령목 자생지가 있고, 당 숲이 우거져 있다. 김약행이 "귀신이 붙어 있는 것 같다"라고 묘사한 것은 주변 당 숲의 위압감 있는 형상을 보고 그렇게 표현한 것이다. 당고개는 이곳에 당이 있고, 당제를 지내기 때문에 생겨난 이름이다. 주민들은 지금도 당등·당목재라 부르고 있다. 당고개를 넘어와서 만

「유대흑기」에 신당으로 표현된 흑산도 진리당의 현재 모습

나게 된 모래밭은 현 진리 해수욕장 일대를 칭한 것이다. 이후 옛 군 터로 찾아가는 길은 다음과 같이 소개되어 있다.

모래밭을 걸어 백 걸음 남짓 가서, 또 산등성이 하나를 올라갔다가 내려오며 길을 꺾어 돌아 군(郡)의 옛터로 들어갔다. 주춧돌이 아직 남아 있고 그 밖에 축대와 깨진 기와 조각이 밭 사이에 많이 흩어져 있었다.

이는 현 진리 해수욕장을 지난 후 현 읍동마을 옛 군 터로 넘어가는 길을 설명하고 있는 것이다. 옛 군 터는 현지 주민들에게는 주로 '관사 터'라고 구전되고 있다. 김약행의 기록처

럼 현재도 축대의 흔적과 기와·자기 편들이 발견되고 있는 장
소이다.

　　김약행 일행은 옛 군 터에 도착하여 그 흔적을 둘러본
후 인근에 있는 쌍석탑으로 이동해서 그곳에서 휴식을 취하였
다. 다음과 같이 표현하고 있다.

　　쌍석탑(雙石塔) 곁에 앉아 조금 쉬면서 보니 대략 진촌의
　　산수가 둥그렇게 감싸 안는 형세로 마치 이곳을 향하여
　　조아리는 듯하다.

이 '쌍석탑'이라고 표
현한 것은 진리 읍동마을 뒤
편의 탑산골 입구에 있는 석
탑과 석등을 표현한 것이
다. 당시에 석탑 두 개가 쌍
으로 있었는지 알 수 없지
만, 현재는 석탑과 석등이
각각 하나씩 남아 있다. 마
을 사람들은 석탑과 석등을
수탑과 암탑이라 불렀으며,

「유대흑기」에 쌍석탑으로 표현한 무심사지 석
탑의 현재 모습

신앙의 대상으로 삼아 매년 정월에 당제를 지내기도 하였다. 당시 기록에도 사찰에 대한 언급이 없는 것으로 보아 이미 사찰 기능이나 건물은 존재하지 않았던 것을 알 수 있다. 현장에서 '무심사선원(无心寺禪院)'이라 새겨진 기와가 발견되어 현재는 '무심사선원지'로 불리고 있다. '원(院)'이라는 명칭은 이 사찰의 성격이 추정하는 실마리가 되기도 한다. 대흑산도의 지리적인 특성상 통일신라시대 선종 승려들이 당나라를 오가는 길에 이용했던 사찰이었을 가능성이 있고, 무사 항해를 기원하는 예불 장소로 활용되었을 것으로 추정된다.

김약행은 쌍석탑에서 주변을 둘러보았고, 앞바다에 있는 옥도와 산성에 대해 언급하였다. 먼저 옥도에 대해서는 다음과 같이 소개하고 있다.

> 앞에 있는 것이 옥도(獄島)인데, 모래자갈길로 백 걸음 가까운 거리이다. 큰 주먹만 한 돌무더기가 바다에 떠 있는 것이 기묘하다. 군이 있을 당시에는 죄지은 사람이 있으면 여기에 가두었다고 한다.

옥도는 읍동마을 앞바다에 있는 구슬처럼 생긴 조그만 섬이다. 현 지명은 옥도(玉島)라 칭하고 있다. 이 섬이 감옥으로 사용되었다는 것은 현지 주민들에게는 널리 구전되고 있는 내용이다. 다만 구전에는 "이곳에 수군진이 있었을 때 감옥으로 사용했던 곳"으로 인식되고 있다. 김약행의 기록에는 수군진 시절이 아니라 대흑산도에 군(郡)이 있던 시절에 감옥으로 사용한 것이라고 밝히고 있는 점이 특징이다. 내용상 김약행이 대흑산도를 유람했던 조선 후기에는 감옥으로 사용되지 않았음을 알 수 있다. 따라서 옥도는 조선시대 수군진 시절의 유적이 아니라 더 이전 시기의 유적이다.

대흑산도의 관방시설 중 하나인 산성의 흔적에 대해서도 언급하고 있다. "산성은 완연하게 아직 남아 있고 그 위를 오르면 아래로 큰 바다를 굽어보며 만장의 절벽을 이루고 있다"라고 표현하고 있다. 이 산성은 쌍석탑이 있는 곳과 연결되는 상라산 정상부에 설치된 석성으로 현재 '상라산성'이라고 부르는 곳이다. 석축이 쌓인 형태가 반월 모양으로 보여서 반월성이라고도 부른다. '완연하다'라는 김약행의 표현을 통해 당시에 산성의 흔적이 매우 잘 남아 있었음을 알 수 있다. 반월성은 현재도 부분적으로 그 흔적이 남아 있다. 산성에서 수습된 토기나 자기 편들이 대개 통일신라시대나 고려시대의 것으로 판명되고 있어 유사 시기에 축성된 산성으로 추정된다.

섬 주민의 궁핍한 삶을 목격하다

유배인 김약행은 대흑산도 여행 중 섬사람들의 힘들고 궁핍한 상황을 직접 목격하였다. 그의 대흑산도 유람기에는 당시 섬 주민들이 겪고 있던 사회상에 대한 묘사가 담겨 있다. 김약행은 1770년 2월 14일, 천구미를 탐방하기 위해 고갯길을 넘는 과정에서 칡을 캐는 사람을 만났다. 그를 통해 칡을 캐는 모습과 먹는 방법, 섬사람들이 칡을 캐 먹으면서 살아야만 하는 안타까운 현실을 자세히 견문하게 되었다.

암석 사이에 칡뿌리가 깊게 들어가 있어 칡을 캐는 것도 쉽지 않지만, 굶주림으로 인해 많은 섬사람들이 산을 다니며 칡을 캐니 산속에는 남아나는 칡이 없을 정도였다. 김약행이 산에서 만난 섬 주민들의 얼굴은 많이 부어 있었다. 제대로 먹지 못한 상태에서 칡으로 연명했기 때문이었다. 김약행은 이러한 참혹한 현실에 안타까움을 느꼈고, 유배인의 입장이라 어쩔 도리가 없는 자신의 처지를 한탄하였다. 이러한 상황은 농지가 거의 없는 먼바다의 섬에 사는 주민들에게는 흔한 일이었다. 그는 당시 섬 주민들의 경제적 상황에 대해 다음과 같이 표현하였다.

보리는 가물어서 걱정이고, 또 미역, 김도 비가 내리지 않으면 자라지 않는다. … 비 때문에 체류하며 섬에서 부담하는 첩역(疊役)의 폐단을 자세히 들을 수 있었다. 어산물에 균세를 부과한 후부터 완전히 감소되어 바다에서 나는 이익이 적으니 백성들이 살아갈 길이 막막하다고 한다.

이 글은 대흑산도 주민들이 당시 겪고 있던 첩역과 어산물 세금 문제에 대해 상징적으로 표현하고 있다. "어산물에 균세를 부과"했다는 것은 시대적으로 영조 대에 실시한 균역법으로 인한 어염세(魚鹽稅) 징수와 관련된 상황이다. 어염세와 관련해서는 조선 후기에 들어와서 무분별한 이중징수를 막기 위해 조정에서 여러 차례 관련 제도를 정비하는 노력을 했지만, 중앙권력이 미치기 어려운 지방에서의 수탈은 쉽게 사라지지 않았다. 특히 대흑산도와 같이 먼바다에 자리하고 있는 섬의 경우는 더욱 심했다. 당시 흑산도권 섬 주민들이 얼마나 많은 세금과 부역으로 고통받고 있었는가를 알 수 있다.

그 근본적인 이유는 흑산진 별장의 과잉징수에서 출발하고 있었다. 김약행이 유배 생활하던 시기에 흑산진의 별장은 우이도에 머물면서 섬 주민들에게 세금을 징수하는 역할을 하였다. 김약행은 다음과 같이 기록하고 있다.

별장(別將)은 해마다 여름·가을이면 바다를 건너, 토지를 조사하며 세금을 바치도록 독촉하러 들어간다.

별장이 우이도에 거주하였고, 여름과 가을에 정기적으로 흑산도권 섬 지역의 토지를 조사하여 세금을 바치게 했음을 알 수 있다. 이를 통해 국가에서 흑산진을 설치하여 운영하는 목적이 관방 외에도 섬에서 거두어 들이는 세수(稅收) 관리에 있었다는 점을 유추해 볼 수 있다. 그런데 그 과정에서 법에 없는 새로운 세금을 징수하여, 흑산도권 섬 주민들이 경제적으로 많은 어려움을 겪게 되는 근원이 되고 있었다.

별장이 세금을 징수하는 데 있어서 상부에 상납하는 것 외에도 자신의 사욕을 위해 여러 가지 명목으로 섬 주민들을 압박하고, 세금납부를 강요했기 때문이다. 다른 기록에서 발견하기 어려운 섬 주민들의 현실과 고충이 유배인의 기록에 매우 사실적으로 묘사되어 있다. 섬 주민에게 유배인이 느끼는 동질감의 발로였을 것이다.

흑산 홍어를 대접받다

한편 김약행의 「유대흑기」에서 또 하나 특기할 만한 부분은 흑산도 홍어와 관련된 내용이 등장한다는 점이다. 흑산

홍어는 전통적인 전라도 음식문화의 상징으로 널리 알려져 있다. 그러나 문헌적으로 이를 뒷받침하는 자료는 매우 드물다. 『조선왕조실록』을 비롯한 각종 관찬 자료에서는 흑산도 홍어에 대한 내용을 찾아볼 수 없다. 문순득의 표류 경험이 담긴 『표해시말(漂海始末)』에 우이도에서 대흑산도로 출항했던 이유가 홍어를 구하기 위해서였다는 기록과 정약전의 『자산어보(玆山魚譜)』에 홍어가 소개되어 있는 정도가 고작이다. 『자산어보』에는 홍어의 생물적 특징에 대해서 주로 언급되어 있지만, 정작 현지 흑산도 사람들의 음식문화와 관련된 내용은 포함되어 있지 않다.

김약행의 기록에는 홍어를 먹었다는 내용이 2번 등장한다. 대흑산도를 유람하는 도중에 몇 차례 현지 사람들과 어울려 술자리를 하게 되는데, 그때마다 홍어회를 술안주로 삼고 있다. 다음과 같이 기록되어 있다.

둘러앉아 항아리에 든 막걸리를 따라서 몇 잔 마셨다. 술안주로 홍어회, 전복, 김을 먹었다.

황종의 마을 사람이 술을 짊어지고 왔고, 안주는 홍어회이다.

비록 관련 내용은 소략하지만, 이는 이미 250년 전부터 흑산도 사람들이 홍어회를 안주로 먹었으며, 손님을 접대하는 데 홍어를 사용하는 음식문화가 존재했다는 증거가 된다. 홍어와 관련된 흑산도 주민들의 생활상을 보여 주는 문헌 자료가 거의 없는 상황이기 때문에 이 또한 김약행의 기록에서 중요한 의미를 지닌 부분이다.

우이도 유배 시절 또 다른 탐방기

김약행은 전염병을 피해 대흑산도에 다녀온 후 그 이듬해에도 우이도 주변의 명소를 다녀온 후 몇몇 탐방기를 남겼다. 1771년에 지은 것으로 기록된 「유돈항기(游豚項記)」와 「유소우이기(遊小牛耳記)」가 대표적이다. 둘 다 그의 문집인 『선화유고』 4권에 수록되어 있다.

「유돈항기」는 현 신안군 도초면 우이도 돈목리의 돈목 해수욕장과 모래언덕 등을 유람하고, 그 소감을 기록으로 남긴 것이다. 오늘날의 우이도는 국내 유일의 모래언덕이 보존되어 있는 '돈목' 해수욕장으로 유명한 곳이다. 김약행의 기록에서는 '돈항'이라고 칭했다. 같은 우이도지만 김약행이 머물던 진리마을에서 이곳 '돈항'으로 가려면 험준한 고개를 두 번 넘어야 해서 쉽게 가보지 못하던 곳이었다. 그런데 주민들 사이에

김약행이 사봉으로 표현한 우이도 모래언덕과 돈항 해변

서 "고기 잡는 어장을 구경하기에는 이곳만 한 곳이 없다" 하여
결심하고 길을 나섰다. 김약행은 마을 사람들이 그물을 이용해
서 물고기 수백 마리를 잡는 모습을 직접 보았다.

　　이곳의 지명이 매우 독특한데, 김약행이 남긴 「유돈항
기」에는 그 지명의 유래가 서술되어 있다. 「유돈항기」에는 '돈
항'이라는 지명에 대해 "섬사람들이 말하기를, 이 섬이 옛적에
는 수목이 많아 사슴과 멧돼지가 그 사이에서 무리를 이루어,
사냥하는 사람이 짐승을 몰아 여기에 이르면 좌우가 모두 바다
이고, 앞산은 높게 막혀 외길로 가느다란 목이 된다. 사람이 숨
어 기다리다가 때려잡으면 짐승들이 피할 곳이 없게 된다. 멧
돼지가 여기에서 가장 많이 쓰러져 죽었다. 그래서 '돈항(豚項)'

이라 한다"라는 구체적인 지명유래설이 소개되어 있다. 현재
는 '돈목'으로 지명이 사용되고 있는데, '돈항'과 '돈목'은 같은
의미다.

또한, 우이도의 자랑인 모래언덕에 대해 '사봉(沙峯)'이라
는 이름으로 언급하고 있다. 이미 김약행이 유배 생활을 하던
시절부터 명소가 되고 있었음을 알 수 있다. 김약행은 이곳을
10월에 방문했을 때 모래언덕에 섬마을 자생화인 해당화가 아
름답게 피어 있는 모습을 보고 반하였다. 그는 "사봉에 평탄한
모래섬은 옛 그대로인데 해당화(海棠花)가 눈에 들어왔다. 10월
인데도 아직 떨어지지 않은 수많은 꽃잎이 저 홀로 붉어 아리땁
다. 이 또한 드물게 보이는 일이다"라고 그 풍경을 묘사하였다.

또 다른 탐방기인 「유소우이기」는 우이도 주변에 있는
별도의 작은 섬인 소우이도를 유람하고 남긴 기록이다. 「유소
우이기」는 우이도 인근에 속한 동소우이도와 서소우이도를 지
칭한다. 전체 분량은 많지는 않지만, 소우이도에 대한 관련 기
록으로서 매우 희소성이 있다.

소우이도는 당시 섬 주민들이 해변에 그물을 설치해 놓
고, 고기를 잡던 장소였다. 김약행이 머물던 진리에는 모래해
변이 없었지만 소우이도는 모래해변의 경치가 뛰어나 이곳을
자주 찾았던 것 같다. 거친 고갯길을 넘어야 갈 수 있는 '돈항'

보다, 작은 배를 이용해 건너갈 수 있는 소우이도가 왕래하기 더 편했다.

　　김약행은 우이도에서 4년 동안 유배 생활을 하면서 이곳을 다섯 번이나 구경 갔을 정도였다. 소우이도는 외로운 유배인의 마음을 달래 주기 적당한 장소였다. 김약행은 "멀리 바다 가운데 작은 섬을 바라본다. 새가 떠 있는 듯, 별이 떨어진 듯, 수면에 가라앉지도 않고, 잠기지도 않는 바다의 아침 경치는 예전에는 미처 구경하지 못한 빼어난 것이었다"라고 서술하고 있다.

유배인의 여행기가 지닌 가치

　　유배인의 입장에서 유람을 즐기고 그것을 기록으로 남긴다는 것은 매우 이색적인 일이라고 할 수 있다. 유배인과 여행의 즐거움은 다소 거리가 있는 개념이기 때문이다. 유배 시절 우이도 상봉(上峰)을 등산한 최익현은 당시 소감에 대해 "귀양길에 산에 오르는 즐거움을 겸한 사람은 그리 많지 않다. 그것을 좋아하지 않는 사람은 없겠지만 대개 지기(志氣)를 상실하여 사실상 그렇게 되지 않는 것이다"라고 표현하고 있다. 외딴 곳에 유배되어 있는 사람의 심정이 대부분 그러했을 것이다.

　　때문에, 김약행이 남긴 여행기록은 유배인이 남긴 조선

후기의 섬 여행기라는 측면에서 색다른 의미를 지니고 있다. 제주도의 경우는 별도의 행정관청이 있어 제주목사를 비롯하여 여러 인사들이 제주도에 대한 각종 기록을 남겨 놓은 사례가 많다. 그러나 흑산도의 경우는 당대의 사회상과 지리 정보를 살필 수 있는 기록 자체가 매우 희소하다. 그런 면에서 특히 「유대흑기」는 단순한 여행기 이상의 의미를 지니고 있다.

김약행은 「유대흑기」 서두에 자신이 머물고 있던 우이도를 소개하고, 흑산도와 주변 도서에 대한 지리적인 내용을 언급하였다. 또한, 대흑산도를 유람하게 된 배경을 밝히고, 2월 10일부터 18일까지 일정순으로 하루도 빠짐없이 대흑산도에서 유람한 내용과 유배인의 눈에 비친 당시 사회상에 대한 소견을 적었다. 우이도에서 배를 타고 대흑산도로 들어가는 과정에서 본 풍경들에 대한 묘사부터 시작해서, 현지에서 살펴본 명승지와 유적, 주민들의 사회상에 대한 내용이 담겨 있다.

글의 말미에는 유람한 후 이 글을 남긴 이유에 대해서도 밝히고 있다. 김약행은 "훗날 이 기록을 살펴보며 마음을 가다듬고 생각해 본다면, 바다와 산의 빼어난 경치를 유람하며 완상하던 즐거움이 이 글로 인하여 다시 살아나고, 추억의 정이 깃들어 있게 될 것"이라는 생각 때문에 유람기를 지었고, 그것을 필사하여 대흑산도에 동행했던 사람들에게 각각 한 통씩 보냈다.

　김약행의 「유대흑기」는 처음 가 보는 섬에 대한 여행기 성격이지만, 단순히 보기 좋은 경승만을 칭송하는 수준에 그치는 것이 아니라 문화유적·섬 주민들의 사회상 등에 대한 견문 내용을 사실적으로 묘사하고 있어 사료적 가치가 매우 높다.

2장

정약전,

물고기 백과사전을 만들다

늘상 바다를 바라보며 생활해야 하는 유배인에게 가장 호기심을 준 요소는 「물때」와 관련된 자연의 신비였다. 물이 들고 나가는 섭리와 관련된 것으로 그는 이를 「해조(海潮)」라 칭했다. 형제간의 편지 중에는 「해조」에 대한 서로의 생각을 주고받은 내용이 등장한다.

섬 유배지에서 생을 마감한 실학자

　　　　정약전(丁若銓, 1758~1816)은 조선 후기의 문신이자 실학자이다. 압해(押海) 정씨(丁氏)이며, 자는 천전(天全), 누호(樓號)는 일성재(一星齋), 호는 매심(每心)이다. 섬에 유배된 후로는 '손암(巽菴)'이라 했는데, 손(巽)은 '들어가다'라는 뜻을 지녔다. 정약전은 1758년 3월 1일 현 경기도 남양주시 조안면 능내리에 해당하는 마현(馬峴) 사택에서 태어났다. 아버지는 진주목사를 지낸 정재원(丁載遠)이고, 어머니는 해남(海南) 윤씨(尹氏)이다. 조선 후기 실학을 집대성한 정약용(丁若鏞)의 친형이기도 하다. 이윤하(李潤夏)·이승훈(李承薰)·김원성(金源星) 등 서울의 젊은 사류(士

類)들과 교유하며 견문을 넓혔고, 이익(李瀷)의 학문에 심취하였다. 이어 권철신(權哲身)의 문하에서 학문의 깊이를 더하였다. 1783년(정조 7) 사마시에 합격하여 진사가 되었으나 관직에 큰 뜻을 두지 않았다. 그러나 "과거에 급제하지 않으면 임금을 섬길 길이 없다"라는 생각을 하게 되어 1790년 과거에 응시하여 급제하였다. 이후 전적·병조좌랑의 관직을 역임하게 되었다. 1801년에 흑산도에 유배되었고, 1816년 그곳에서 생을 마감하였다.

아들 학초와의 마지막 이별

정약전은 서양 학문과 사상을 접한 바 있는 이벽(李檗)·이승훈 등 인사들과 교유하고 친밀하게 지냈는데, 이들을 통해 서양의 역수학(曆數學)을 접하고 나아가 천주교에 마음이 끌려 믿음을 갖게 되었다. 정조 임금이 사망한 후 정약전의 집안은 당시 국가에서 금지하던 천주교를 신봉했다는 이유로 많은 박해를 받게 되었다.

1801년 신유박해(辛酉迫害)로 인해 바로 밑의 동생인 정약종은 목숨을 잃게 되고, 정약전은 흑산도로, 동생인 정약용은 강진으로 각각 유배된다. 『순조실록』 1801년 11월 5일 기사에 '나주목의 흑산도에 찬배'한다는 기록이 남아 있다.

정약용이 지은 정약전의 아들 학초(學樵)의 묘지명에는 유배 길에 대한 언급이 있다. 학초는 당시 11살의 어린 나이였는데, 화성(華城) 남쪽 유천(柳川)의 한 주막에서 아버지를 전송하였다. 당시 집에 외국에서 들여온 사안주(蛇眼珠) 1매가 있었다. 사안주는 큰 구렁이의 눈동자인데, 대체로 이 구슬이 있는 곳에는 뱀·독사 따위가 감히 가까이 오지 못하고, 뱀·독사를 만날 경우에 곧 이 구슬로 비추면 뱀들이 모두 그 자리에서 죽어 마른 나무가 되어 버린다고 알려진 기이한 보배였다. 학초는 울면서 이 구슬을 유배 길을 떠나는 아버지에게 바쳤다. 당시 상황에 대해 학초 묘지명에 다음과 같이 묘사되어 있다.

"흑산도는 초목이 무성하여 뱀·독사가 많으니 이 구슬로 스스로를 보호하소서" 하니, 손암 선생이 받아서 주머니에 넣는 한편 눈물을 줄줄 흘렸다.

머나먼 유배지로 아버지를 떠나보내는 아들의 애틋한 마음이 담겨 있다. 학초는 어릴 적부터 학문적 재능을 보여 기대를 한 몸에 받던 아이였다. 그러나 안타깝게도 정약전이 섬에서 유배 생활을 하고 있을 때 17세의 나이에 요절하고 말았다.

되돌아오지 못한 흑산도 유배길

_____정약전은 어떤 경로를 거쳐 흑산도에 도착하게 되었을까? 그는 유배 길에 올라 동생 정약용과 나주 율정목(대호리)까지 함께 내려왔다. 1801년 11월 5일, 한성에서 출발한 형제는 과천과 공주를 지나 11월 21일 나주목 율정주점(현 나주시 대호동)에서 마지막 잠을 함께 자고 각각 유배지로 떠났다. 정약전 묘지명에 다음과 같이 기록되어 있다.

> 우리 형제는 말 머리를 나란히 하여 귀양 길을 떠나 나주의 성북(城北) 율정점(栗亭店)에 이르러 손을 잡고 서로 헤어져 각기 배소로 갔으니, 이때가 신유년 11월 하순이었다.

이곳에서 두 사람은 한 맺힌 유배지의 갈림을 겪게 되었다. 이 순간이 다시는 두 형제가 만날 수 없는 마지막 순간이 될 거라는 것은 상상도 하지 못한 상태였다. 이후 정약전이 어떤 경로로 흑산도로 들어왔는지에 대한 내용은 알려져 있지 않다. 다만, 약 75년 후 같은 섬에 유배된 최익현의 기록(『면암집』)을 통해 그 경로를 추정해 볼 수 있다.

금성읍(錦城邑) 서쪽에서 1백 리쯤 떨어진 영광(靈光) 다경포(多慶浦)에 이르러 수로를 따라 나열되어 있는 수없는 섬 사이를 지나서 비금도(飛禽島) 앞 바다에 도착하면 대해가 된다. 여기서 서남 방면으로 40∼50리를 가면 우뚝 솟아 2층으로 된 산이 있는데, 앞은 낮고 북향하며 뒤는 높고 남향하여, 내외 24개의 섬 중에 가장 높고 웅장하니, 이것을 우이도(牛耳島)라 한다.

다경포는 현재 전남 무안군 운남면 성내리에 해당된다. 당시 조선시대 수군만호진이 있던 곳이다. 최익현은 2월 10일에 다경포에 이르렀고, 이후 2월 16일에 우이도에 도착했다. 거리상 수로 1백 80리에 불과하였으나, 여러 섬 사이를 구불구불 이리저리 돌아 배로 가려면 매우 불편하여 다경포에서 출발한 지 6일 만에 도착하게 되었다고 전한다. 현 신안군 암태도, 팔금도, 안좌(기좌)도, 비금도를 경유하여 우이도에 입도하는 여정이었다. 정약전도 크게 다르지 않았을 것이다.

유배지의 갈림은 두 사람의 운명을 바꾸어 놓는 계기가 되었다. 육지에 유배된 정약용은 강진의 다산초당 등에 머물면서 주변 사람들의 도움으로 많은 책을 접하고, 그 결과 수많은 저서들을 남길 수 있게 되었다. 그가 남긴 저서들은 후학들에 의해서 서울로 보내지고 연구의 대상이 되었다.

　　반면 절해고도(絶海孤島)로 알려진 흑산도에 유배된 정약전은 '섬'이라는 주어진 환경을 자신의 새로운 학문 연구의 터전으로 삼는 계기로 삼았다. 신분에 구애되지 않고 섬사람들과 친숙하게 지냈으며, 섬사람들의 바다에 대한 토착 지식을 자신의 학문세계로 끌어오기 위한 노력을 했다. 우이도에 도착했을 때 정약전의 나이는 44세였고, 거주지는 진리였다. 진리는 수군 기지인 흑산진이 설치되어 있던 마을이다. 구전으로 그가 살았던 집터가 전해 온다. 조선 후기 유배지 흑산도는 현 신안군 도초면 우이도(소흑산도)와 흑산면 대흑산도를 총칭한다. 흑산권역으로 인식되어 유배인의 경우 소흑산도로 불리던 우이도와 대흑산도를 오가며 거주하는 것이 가능했는데, 정약전도 두 섬을 오가면서 유배 생활을 했다.

　　정약전은 흑산도 유배 시절, 『송정사의(松政私議)』, 『표해시말(漂海始末)』, 『자산어보(玆山魚譜)』를 집필하였다. 이 외에 정약전의 흑산도 유배 생활 모습을 엿볼 수 있는 자료로 정약용과 주고받은 31편의 편지, 정약용이 작성한 정약전의 묘지명, 연세대본 『여유당집(與猶堂集)』에 수록되어 있는 정약전의 시문(詩文) 등이 있다. 이들 자료를 통해 정약전의 섬 생활 모습과 당시 고뇌를 알 수 있다.

섬 주민들의 벗이 되다

정약전은 외부에서 섬으로 들어온 인물임에도 주민들과 친구처럼 가깝게 교류하며 생활했다. 섬 주민들과의 친밀성에 대해서는 동생 정약용이 기록한 그의 묘지명에 잘 묘사되어 있다. 다음과 같은 표현이 담겨 있다.

> 바다 가운데 들어온 때부터 더욱 술을 많이 마시고 섬사람들과 친구처럼 지내며, 교만스럽게 대하지 않으니, 섬 사람들이 매우 좋아하여 서로 다투어 주인으로 섬겼다.

정약전의 인품과 유배 생활의 모습을 단적으로 보여 주는 대목이다. 정약전이 대흑산도에서 우이도로 다시 이주하려고 할 때는 대흑산도 주민들이 자기 지역에 더 머물기를 청하며 돌아가지 못하게 방해하기도 했다. 당시의 구체적인 상황이 묘지명에 다음과 같이 기록되어 있다.

> "나의 아우로 하여금 나를 보기 위하여 험한 바다를 건너게 할 수 없으니 내가 우이도(우이보)에 가서 기다릴 것이다" 하고, 우이도로 돌아가려 하니, 흑산도의 호걸들이 들고 일어나서 공을 꼼짝도 못하게 붙잡으므로 공은

은밀히 우이도 사람에게 배를 가지고 오게 하여 안개 낀 밤을 틈타 첩과 두 아들을 싣고 우이도를 향해 떠났다. 이튿날 아침 공이 떠난 것을 안 흑산도 사람들은 배를 급히 몰아 뒤쫓아 와서 공을 빼앗아 흑산도로 돌아가니, 공도 어찌할 수 없었다. 1년의 세월이 흐른 뒤 공이 흑산도 사람들에게 형제간의 정의(情誼)로 애걸하여 겨우 우이도로 왔다.

이는 매우 이례적인 상황이다. 궁핍한 섬 살림에 유배인의 존재는 큰 부담이었다. 너무 많은 유배인이 와서 섬사람들의 생활에 어려움이 심하니 제발 유배인들을 다른 곳으로 옮

울창한 산림이 발달한 대흑산도 전경(신안군 제공)

겨 달라는 관문서가 남아 있을 정도였다. 그런 면에서 정약전을 대하는 섬 주민들의 마음은 매우 특별한 것이었다.

바닷가 '물때'를 보며 새로움을 깨닫다

     섬에서의 유배 생활은 정약전의 가치관 변화에도 큰 영향을 주었다. 그에게 가장 큰 영향을 준 것은 섬의 자연환경과 바다를 기반으로 살아가는 섬사람들의 생활상이었다.

     늘상 바다를 바라보며 생활해야 하는 유배인에게 가장 호기심을 준 요소는 '물때'와 관련된 자연의 신비였다. 물이 들고 나가는 섭리와 관련된 것으로 그는 이를 '해조(海潮)'라 칭했다. 형제간의 편지 중에는 '해조'에 대한 서로의 생각을 주고받은 내용이 등장한다. 특히 주목되는 점은 섬에 살고 있는 정약전이 먼저 정약용에게 질문을 던지며, 학문적 관심을 유발시키고 있다는 점이다. 1805년 정약용에게 보낸 편지에 수록된 다음 내용은 정약전의 관심사가 새로운 분야로 변화되고 있음을 보여 준다.

해변에 살아온 지 이미 오래토록 조수의 왕래와 성쇠는 마침내 해석이 불투명하니 그대는 혹 헤아려 아는 것이 있는가? … 조개의 무리가 달을 따라 성(盛)하고 쇠할 뿐만 아니라 모든 어류가 달을 따라, 오고 가지 아니함이 없으니 대개 그 물 가운데 고기 떼가 노니는 것은 모두 일정한 시기가 있으므로 어부들은 회일(晦日)과 망일(望日)에 유리하고 상현과 하현에 유리하며 이에 조수가 들어올 때 유리하고 이미 조수가 빠져나간 뒤에 유리하니 이러한 일은 모두 지극한 이치이다. …
주역(周易)은 미묘한 이치를 담고 있으되 해조(海潮)에 관해서는 조금도 설명이 없으니 후학들의 깊은 아쉬움이다.

정약전은 달의 변화에 따로 조수가 달라지고, 조개나 물고기의 생태에 밀접한 관련이 있음을 인식하였다. 자신이 해변에 살기 시작한 지 여러 해가 지났는데도 '조수의 왕래와 성쇠'에 대해 명쾌한 해석을 내리지 못하자 동생에게 "그대는 혹 헤아려 아는 것이 있는가?"라는 질문을 던진다. 그에 대한 궁금증으로 여러 자료를 살피려고 했으나, 마땅한 답을 찾지 못했다.

특히 위에 소개한 편지의 인용문 맨 마지막 문장은 시사성이 매우 크다. 주역은 미묘한 이치를 담고 있는 책인데, 어찌하여 해조에 대해서는 누락되어 있는지 스스로 반문하고 있다. 이는 전통적인 관념의 유학자가 섬 생활을 통해 가치관에 큰 변화를 일으켰음을 반영한다.

　　정약전은 해조에 많은 관심을 지녔고, 스스로 그 상황을 살펴보면서 원리를 깨우치기 위해 노력했다. 섬에서의 일상생활이 학문적 관심으로 연결되고 있음을 의미한다. 주역에 심취해 있던 학자가 '물때'의 과학적 원리가 지닌 중요성을 깨닫기 시작했던 것이다.

대흑산도 사리마을에서 서당을 열다

　　정약전은 흑산도 유배 시절 동안 서당을 열어 후학을 양성하기도 하고, 지역의 식자층과 교류하면서 시를 짓는 것으로 무료한 시간을 달래었다. 먼저 후학 활동과 관련된 내용이다. 구전에 의하면 정약전은 우이도에서도 서당을 운영했다고 한다. 현지에 '정약전 서당 터'라는 안내문이 세워져 있다.

　　기록상 구체적으로 확인되는 곳은 현 신안군 흑산면 대흑산도 사리마을이다. 정약전은 이곳에 '사촌서실(沙村書室)'을 열었다. 1807년 여름 정약용이 지은 「사촌서실기(沙村書室記)」에 아래와 같은 내용이 남아 있다.

　　　내 형님 손암 선생이 흑산도 귀양살이하신 지 7년이 되어 5~6인 아이들이 따르며 사서와 역사를 배우게 되어

정약전이 흑산도에서 운영한 사촌서실의 현재 모습

초가 두서너 칸을 지어 사촌서실(沙村書室)이라 이름 짓
고 내게 서당기를 지으라 하시기에 누에 채반을 비유로
들어 이곳에서 글 배우는 아이들을 깨우쳐 준다.

　　사촌은 대흑산도 사리마을을 칭한다. 당시 거주했던 서
실의 원 건물은 사라졌고, 현재 사리마을에는 복원된 서당 건
물이 들어서 있다. 사리마을 정약전의 서당은 흔히 '복성재(復
性齋)'라 불리고 있다. 그런데 아쉽게도 어떤 기록에서도 '복성
재'라는 서재 이름에 대한 흔적은 발견하지 못했다. 가장 빠른
언급은 『자산어보』 연구의 선구자인 정문기가 일본어 번역본
을 출간하기 위해 1945년에 작성한 서문에 "사촌에서 복성재

라는 서당을 설립했다"라고 기록한 것이다.

　　아마도 근대 시기까지 존속했던 흑산도 사리마을에 있었던 서재의 이름이 훗날 정약전의 유배 생활 이야기와 중첩되면서 '복성재'라는 이름으로 알려지게 된 것이 아닌가 싶다. 정약전은 유배 시절 섬 아이들의 교육을 위해 『몽학의휘(蒙學義彙)』를 지어 아이들의 교재로 활용하였다. 이 책은 정약용이 지은 『이아술의(爾雅述意)』를 바탕으로 정약전이 흑산도 유배 시절 아이들의 교재로 용이하게 재구성해서 만든 것이다.

　　그는 1805년에서 1806년 사이에 우이도에서 대흑산도로 이주했다. 우이도에서의 생활이 불편하여 좀 더 규모가 큰 섬으로 옮긴 것이었다. 거주 인구가 더 많았던 대흑산도로 거처를 옮겨서 서당을 운영하는 것이 유배 생활을 영위하기에는 조금이나마 도움이 되었을 것이다. 정약용에게 1807년에 쓴 편지 「기다산(寄茶山)」에는 당시 집안의 경제 사정을 언급한 글이 있어 흥미롭다.

　　우리 집 부인들은 40여 년 동안 비록 능히 부유하지는 않았으나 또한 궁핍에 이르지도 아니하여, 재물을 쓰는 손이 미끄럽고 그 어려움을 알지 못했는데, 저 사변을 만난 뒤에 이르러 이를 줄이고 또 줄이며 절약하고 또

절약하는 경우도 오히려 옛날에 호사를 부리는 습성에서 벗어나지 못하고, 아이가 장가갈 때 쓴 비용이 200냥에 이르러 지금은 빈손이 되었다. 아이들에게 먹이는 약과 이 몸이 먹어야 할 끼니는 생각하지도 못해서 몇 식구의 남은 목숨이 바야흐로 구덩이에 빠지게 되었다.

정약전이 유배된 후 아들 학초가 결혼을 했다. 이때 아버지 없는 결혼을 초라하게 치르게 하고 싶지 않아 집안 형편보다 과용하게 된 것이 집안 사정을 더 어렵게 만들었다. 자신도 경제적 어려움에 대한 경험이 부족했다. 유배 생활이 얼마나 오랫동안 지속될지 몰랐기 때문에 유배지에서의 비용을 절약하는 부분에 있어서 감각이 없었다. 같은 편지에 스스로를 반성하는 내용이 다음과 같이 남아 있다.

나 또한 오래된 습관을 버리기 어려워 우이도에서 급하지 않은 데다 쓴 것이 많았다. 사미촌(沙眉村)에 이르러서는 손에 1문(文)도 없자 비로소 지금의 곤궁이 전에 절약하지 않았기 때문임을 깨달았으나 뉘우친들 소용없었다.

정약전이 유배 생활을 했던 흑산도 사리마을(현재 유배문화공원이 조성되어 있다)

이러한 기록을 통해 경제적으로 어려운 상태에서 대흑산도로 옮기게 되었음을 알 수 있다. 그런데 대흑산도에서 적거한 곳이 왜 하필 사리마을이었는지는 의문이다. 당시 대흑산도의 중심 마을은 진리였다. 우이도 진리와 마찬가지로 수군진이 있었던 마을로 최익현의 경우는 이곳에서 서당을 운영하였다.

이 부분을 명쾌하게 확인할 수 없지만 두 가지 방향에서 추정이 가능하다. 첫 번째는 사리마을 주민 가운데 천주교 신앙을 문제로 유배된 정약전에게 우호적인 인물이 있었을 가능성이다. 후대이기는 하지만 1897년 목포가 개항된 후 천주교 신부로 부임하여 선교 활동을 한 알베르토 데예(Albert Deshayes)

가 1902년 6월 6일 뮈텔 주교에게 보낸 보고서에 다음과 같은 흥미로운 기록이 남아 있다.

> 저는 정약전이 흑산에 있는 천주교인 박인수 집에 귀양
> 가 있었다는 것을 알았습니다. … 이 최초의 교인에 대한
> 평판은 존경에 차 있었습니다. 모든 사람들이 그를 성실
> 과 겸손과 정결함의 모범으로 이야기하고 있습니다.

박인수라는 인물이 어떤 경로로 천주교 신자가 되었는지는 알 수 없다. 다만 그가 천주교 신앙을 접했고, 지역에서 상당히 존경받는 인물이었다면 정약전이 사리마을에서 유배 생활을 하는 데 큰 도움이 되었을 것이라는 점은 추정이 가능하다.

두 번째는 물고기 연구에 가장 적합한 마을이라는 점이다. 정약전은 대흑산도 유배 시절에 『자산어보』를 완성하였다. 사리마을은 농사를 지을 수 있는 땅이 없어서 마을 사람들 대부분은 바다에서 어업으로 살아가는 곳이라는 특징이 있다. 대흑산도에서 어업이 가장 발달한 마을이었다. 지금도 섬 주민들의 바다 생활과 관련된 다양한 구전이 전해 오는 지역이다. 그런 면에서 정약전이 『자산어보』 발간에 몰두할 수 있는 마을로

사리마을을 택했을 가능성도 있다.

『자산어보』를 지은 이유

흑산도 근처는 어종이 매우 풍부한 곳이다. 다양한 수계가 만나는 곳으로 서해안의 한류와 남해안의 난류, 중국대륙에서 흘러오는 연안류가 만난다. 이 세 가지 수계를 따라 다양한 어종들이 흑산도 연해에 모여들게 되어 물고기 생태를 연구하기에는 적합한 장소이다.

정약전은 책의 서문에 스스로 연구 목적을 밝혔다. 그는 "자산(玆山)의 해중어족은 매우 풍부하지만, 그 이름이 알려진 것은 적다. 마땅히 박물학자들은 살펴보아야 할 곳이다"라고 그 연구 배경을 밝혔다. 물고기는 물론, "그 부수적인 것으로는 바다 물새와 해채(海菜)에까지 확장시켜 이것이 훗날 사람들의 참고 자료가 되게 하였다"라고 기술하면서 후세에 활용되기를 기대하는 마음도 남겨 두었다.

이와 관련하여 19세기 초중반에 완성된 것으로 보이는 서유구(徐有榘, 1764~1845)의 『임원경제지(林園經濟志)』에 그 영향이 보인다. 식용식물을 소개한 관휴지(灌畦志)편에 12종의 바다 채소가 소개되어 있는데 그중 5종은 『자산어보』에서 인용함을 밝히고 있다. 한정적이기는 하지만 실제 후대의 학자들에게 『자산어보』가 알려져 있었음을 알 수 있다.

　　『자산어보』는 해양을 기반으로 한 자연과학 연구서적으로서 가치를 지녔다. 섬에 유배된 정약전이 '해조'에 대한 관심을 지니고 세상의 사물을 바라보고 있었다는 점이 중요하다. 그는 물때의 섭리가 물고기의 생태 변화에 지대한 영향을 주고 있다는 점을 심도 있게 살피고 있었다. 이러한 '해조'에 대한 관심에서 출발한 것이 『자산어보』라는 구체적인 성과물로 발전해 나갔다.

　　국내 학자 중 『자산어보』를 가장 먼저 연구한 정문기는 "수산생물의 과학적 연구를 이루어 내고 조선 자연과학 연구의 출발의 획을 그은 점은 실로 위대하다"라고 평가하였다. 즉, 『자산어보』는 바다에서 일어나는 과학적 현상을 탐구하기 위한 정약전의 의지가 반영된 결과물이었다.

『자산어보』에 담긴 애민정신

　　이 책을 읽고 활용할 수 있는 독자층은 한정적이지만, 그 이면에는 백성에 대한 애민정신도 깔려 있다. 서술 내용을 자세히 들여다보면 당대 주민들의 사회상을 대변하는 내용을 확인할 수 있다. 대표적으로 고등어와 관련된 기록의 내용을 통해 그러한 전후관계를 살필 수 있다.

흑산도 근해에서는 6월에 낚시에 걸리기 시작해서 9월에는 자취를 감춘다. 고등어는 낮에는 빠르게 움직이기 때문에 잡기 어려우며, 또한 맑고 밝은 데를 좋아하기 때문에 낮에는 그물을 칠 수 없으며 밤에 불을 밝혀서 낚는다. 섬사람 말에 의하면 건륭경오(乾隆庚午, 1750년)에 일대 성어기를 맞이하였으나, 가경을축(嘉慶乙丑, 1805년)에 와서는 흉작으로 변했다고 한다. 그렇다고 해서 안 잡히는 해는 없었다고 한다. 병인 이후에는 매년 줄어들어 최근에는 자취를 감추었다고 한다. 그러나 최근 영남 지방에서 다시 고등어 떼들이 나타났다고 들었는데 그 이치를 알 수가 없다.”

유독 고등어잡이의 어획량 변화에 대해 상세히 서술하고 있다. 이는 섬사람들의 생활상과 관련이 있다. 당시 흑산도 사람들은 고등어세로 인한 고충이 심하였다. 이와 관련된 사회상은 조선 후기 흑산도에 살았던 김이수 문중에 남아 있는 고문서를 통해 확인할 수 있다. 문중 자료 가운데 ‘고동어(古冬魚) 세금을 거두는 일을 본관에게 청해서 혁파하는 초안’이 전해온다. 이 문서에 따르면 1771년 무렵부터 갑자기 고등어세를 징수하기 시작하였고, 그것은 여러 가지 부역과 세금으로 고통

받고 있던 흑산도 사람들의 부담을 증가시켰다. 실질적으로 흑산도 해역에서 고등어는 사라졌지만, 여전히 고등어세는 부과되고 있었다.

섬사람들의 도움으로 근근이 생계를 유지해 나가고 있던 유배인에게 그러한 사정은 남의 문제가 아니었을 것이다. 당대 섬 사회상을 이해한다면, 왜 정약전이 고등어 어획량 변화에 대해 상세히 소개하고 있는지 그 속뜻을 살필 수 있다. 이런 이유로 『자산어보』에 고등어는 그물로 잡지 못한다는 점, 최근에는 흑산도에서는 자취를 감추었다는 점 등이 강조되어 있다. 특히 본문의 "섬사람 말에 의하면"이라는 표현에 주목할 필요가 있다. 만약 이 책을 위정자들이 살피게 된다면, 이러한 현지 사정을 잘 헤아려야 한다는 의미가 담겨 있다.

정약전은 섬사람들의 고충을 대변하고 있는 것이다. 이렇게 섬사람들과의 관계나 당대 사회상을 이해하면서 『자산어보』를 읽으면 그 재미가 더해진다. 『자산어보』 자체만 보면 이해하기 힘든 부분일 수도 있다. 『자산어보』는 조선 후기 흑산도 지역의 사회상과 함께 파악해야 한다. 섬사람들은 자신들의 어려운 사정을 하소연하기 위해 관청에 상소를 보내기도 하고 해결을 위해 노력했지만, 관리들은 백성의 입장을 헤아리지 않았다. 그러나 정약전은 섬사람들의 목소리에 귀를 기울였고,

그러한 현지 정보를 상세히 수록하였다.

정약전이 어려운 섬 유배 생활 중에 『자산어보』를 집필할 수 있었던 것은 무엇보다 흑산도 주민들과의 유대관계가 매우 좋았다는 것을 의미한다. 현장에서 어부들이 잡아 올린 물고기들을 보면서 확인하는 작업과 그 지역 토박이들에게 물고기의 습성이나 생태에 대해서 전해 듣지 않고는 불가능한 저술이다. 그러한 과정을 통해 집필된 책이기 때문에 단순한 물고기 생태에 그치지 않고 백성들의 일상생활에 도움이 되는 정보를 수록하기 위해 노력했을 것은 당연한 이치다. 결국 『자산어보』는 이용후생의 실학정신과 자연의 섭리에 대한 과학적 탐구정신 그리고 백성을 사랑하는 애민정신이 융합된 결과물이라고 평가할 수 있다.

홍어 장수 문순득의 표류기록을 남기다

정약전이 섬 주민들과 친밀하게 지냈다는 것은 그가 남긴 저술의 성격을 통해서도 알 수 있다. 정약전은 우이도에서 홍어 장수 문순득을 만났다. 문순득은 풍랑을 만나 표류하여 일본, 필리핀, 마카오와 중국 등지를 경험하고 살아 돌아온 인물이다. 정약전은 그의 표류 경험담을 듣고 『표해시말』을 남겼다. 집필 시기는 1805년 무렵이다.

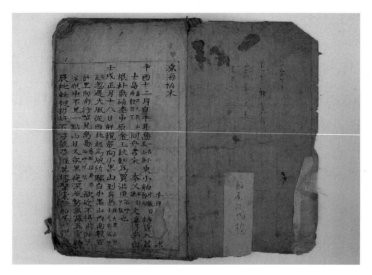

정약전이 우이도 주민 문순득의 표류 경험을 기록한 『표해시말』

우이도에는 지리적 특성을 활용하여 대흑산도와 내륙 연안을 연결하는 상업 활동을 하는 섬사람들이 많았다. 그들은 거친 겨울 바다에도 위험을 감수하고 배를 타야만 했다. 중심 교역품인 홍어의 경우 겨울이 제철이었기 때문이다. 그 과정에서 섬 주민은 항상 '표류'라고 하는 해난 사고의 위협에 노출되어 있었다.

문순득은 1801년 12월 우이도를 출항하여 이듬해 정월에 대흑산도 인근 태도에서 홍어를 구입한 후 돌아오는 과정에서 풍랑을 만나 표류를 하게 되었다. 우여곡절 끝에 1805년 1월 8일이 되어서야 고향에 다시 돌아왔다. 정약전이 문순득의 구술을 듣고 기록으로 남긴 『표해시말』의 중심 내용은 표류 노정과 표류 기간 중 체험한 유구(琉球, 현 일본 오키나와현과 가고시마현)·여송(呂宋, 현 필리핀 북부)·오문(澳門, 현 마카오) 등의 풍속에 대한 것이다.

다른 표해록의 기록들과 비교해 볼 때 다음과 같은 특징이 발견된다. 첫째, 서술 내용의 체계적인 분류이다. 다른 표해록은 대부분이 시간의 경과에 따라 일기체식으로 서술되어 있는 반면에 『표해시말』은 보다 체계적이고 세부 주제가 구분되어 있다. 크게 3부로 구성되어 있는데, 1부는 표류 배경과 경과가 일기체 방식으로 서술되었다. 2부는 유구와 여송에서 견문한 내용을 '풍속, 집, 의복, 해박, 토산' 5개 항목으로 세분하였다. 3부는 언어에 대한 기록이다. 조선어와 유구어, 여송어를 비교한 112개의 단어를 기록해 놓았다.

둘째, 기록의 주 내용이 생활사 중심이다. 유명한 최부나 장한철의 표해 기록과 비교할 때 가장 특징적인 부분이다. 경험자인 문순득이 지닌 장점과 실학자인 정약전의 관심사가 잘 결합된 결과물로 보인다.

셋째, 집필자의 편집 의도가 반영되어 있다. 실제 체류 기간은 중국이 가장 길었음에도 중국 일정은 매우 소략하다. 풍토기 부분에서는 중국은 아예 생략했다. 유구와 여송 지역에 초점을 맞췄다. 정약전은 이를 문순득의 표류 경험에서 가장 핵심이라고 판단했던 것 같다.

『표해시말』은 한 개인의 표류 경험담이지만, 그 저술의 이면에는 정약전의 이용후생의 정신이 짙게 깔려 있다. 가장 대표적인 사례로 선박에 대한 자세한 기술을 예로 들 수 있다. 정약전은 섬사람들이 타고 다니는 배의 성능에 대해서 관심을 두기 시작했다. 그러한 성향이 『표해시말』에도 반영되었다. 배에 대한 별도의 항목을 두어 우리 배와 외국 배를 비교할 수 있는 근거를 마련하였다.

문순득은 평소 배를 타고 다니는 상인이었기에 배에 대한 식견이 높았고, 외국에서 다양한 배를 체험했다는 장점이 있었다. 정약전은 그의 경험담에서 외국 배에 대한 정보를 수용하기 위해 노력했다. 선박에 대한 부분이 상세하다는 점은 다른 표해록과 비교되는 가장 큰 장점이다. 이 역시 주민과 친밀한 교류관계에 있었던 정약전이기 때문에 집필이 가능했던 것이다.

송금 정책에 대한 섬 주민들의 고충을 이야기하다

정약전은 흑산도 유배 시절 국가의 송금(松禁) 정책에 대한 자신의 견해를 밝힌 『송정사의(松政私議)』를 저술하였다. 글의 맨 끝에 "갑자중동서어손관(甲子仲冬書於巽館)"이라 기록되어 있다. 갑자년은 1804년에 해당되며, '손관(巽館)'은 손암 정약전의 유배지에서의 처소를 칭한다. 이 시기는 정약전이 우이도에서 머물던 때이다. 『송정사의』는 우이도 남평 문씨 집안(문채옥)에 전해 오는 이강회의 문집 『운곡잡저(雲谷雜櫡)』에 전문이 필사되어 있어 세상에 알려지게 되었다.

정약전은 유배 이전부터 송정(松政) 문제에 대해 우려하고 있었는데, 우이도에서 섬사람들의 고충을 직접 보면서 그 심각성을 깨달은 것이 이 저술을 남기게 된 계기였다. 정약용에게 보낸 편지에 스스로 다음과 같은 저술 목적을 밝혔다.

일찍부터 송정(松政)이 잘못되었음을 알고 있었지만, 남쪽으로 귀양살이 온 후 더욱 문제가 시급함을 느낀다네. 잘못된 것을 고치지 못하고 그대로 따르기만 한다면 반드시 나중에 후회할 것 같아 『송정사의』 한 편을 지었다네.

송금 정책의 목적은 국가에서 질 좋은 소나무를 육성하고 관리하기 위함이었다. 그러나 현실 속에서는 백성을 수탈하는 데 악용되었고, 특히 섬 지역에서는 그 폐해가 더 심각했다. 섬 주민들이 더 많은 피해를 입게 된 이유는 그곳이 수군(水軍)

관할지였기 때문이다. "소나무에 알맞은 산은 수군 진영의 관할"을 받았는데, 우이도에도 수군진이 설치되어 있어서 그 부작용이 심했다. 정약전은 "수영(水營)은 전토세(田土稅)와 뇌물을 받을 권한이 없어 본래부터 빈한한 진영인 데다가, 영문(營門)인 까닭에 장교들의 수가 많은데도 부모를 모시고 자식을 키우는 살림살이를 달리 의지할 데가 없으므로 오로지 소나무가 잘 자라는 산이 있을 뿐"이라고 기록하고 있다.

결국 그 피해는 고스란히 섬 주민의 몫이 되었다. 정약전은 "그 결과 집안이 망하고 재산을 탕진하고 사방에 유리걸식하는 자가 열에 서넛이다"라고 표현하였다. 이러한 사회상으로 인해 섬사람들은 소나무에 매우 민감한 상황이었다. 『송정사의』에는 다음과 같은 표현들이 남아 있다.

백성들이 소나무 보기를 독충과 전염병처럼 여겨서 몰래 없애고 비밀리에 베어서 반드시 제거한 다음에야 그만둔다. 어쩌다가 소나무에 싹이라도 트면 독사를 죽이듯 한다. 백성들이 나무가 없기를 바라는 것이 아니다. 자신이 편안한 길이 나무가 없는 데 있기 때문이다. 그리하여 개인 소유의 산에는 소나무가 한 그루도 없게 되었다.

정약전은 이에 대한 개선 방안으로 수영의 관할 권한을 축소하고, 벌목을 금지하는 것 대신에 식목 정책을 통해 소나무를 육성하자고 제안했다. 본문에는 "어떤 사람이 물었다"와 "나는 답한다"라는 식으로 화두를 던지고 자신의 견해를 보충 설명하는 서술 방식이 사용되었다. 평소 송정 문제와 관련하여 지역민과 많은 교감을 나눴던 것을 알 수 있다. 비록 외딴섬에 유배되어 있었지만 백성을 생각하는 마음과 임금을 모시는 신하로서의 자세에는 변함이 없었다. 자신의 글로 인해 "백성과 국가의 숨이 끊어질 지경의 다급한 상황이 해결될 수만 있다면, 비천한 신하는 궁벽한 바닷가에서 죽어 사라진다고 해도 절대로 한스럽게 여기지 않을 것이다"라는 희망을 남기기도 하였다. 그의 애민정신이 느껴지는 대목이다.

섬 주민들과 시를 짓다

일상생활에서 정약전이 섬 주민들과 친구처럼 지냈다는 점을 확인해 주는 자료는 그가 유배 시절 직접 지은 시문의 내용이다. 현존하는 연세대학교 소장본 『여유당집』에는 흑산도 유배 시절 지은 정약전의 시 31편이 실려 있다. 이 시문을 통해 정약전이 유배 생활 중 체류했던 공간, 교류 인물, 작시의 주요 주제 등을 살필 수 있다. 정약전은 주변 인사들과 적거지였던 사포(사리마을)에 모여 시를 지으며 시간을 보냈고, 소사미(현 소사리마을)·조암 등을 함께 노닐며 시를 짓기도 하였다. 작시의 주제는 지극히 평범한 것들이었는데, 섬 생활에서 흔히 볼 수 있는 일출·갈매기·고기잡이·안개 등이 주제로 채택되고 있다.

정약전의 시문은 혼자서 유배지의 외로움을 이겨 내기 위한 것이라기보다는 주변 인사들과 교류하는 과정에서 작성된 성격이 강하다. 시문에 박생(朴生), 계고(稽古), 김각(金珏), 장 노인(張老人), 장창대(張昌大), 김사대(金四大) 등 그와 교류했던 지역 인사들의 호칭이 다양하게 등장한다.

선생이란 호칭을 사용한 계고와 김각의 경우는 정약전과 같은 유배객의 처지였던 것으로 추정된다. "세 사람 마주하니 모두가 나그네일세", "시름겨운 타향살이 나그네 신세 똑같은데" 등의 표현이 남아 있다. 김각은 정약전과 같은 사리마을에 거주했고, 계고는 약 20리 정도 떨어진 거리에 살았다.

박생은 우이도에서 처음 만난 사이였는데, 대흑산도로 이주해 온 이후로도 교류가 지속되었다. "열흘을 우이 물가에서 이야기 나누고 삼순(三旬)은 마름(馬廪)에서 시를 지었지"라는 표현이 남아 있다. 마름은 현 대흑산도 마리마을을 칭하는 것으로 추정된다. 심포마을 장 노인에 대한 시는 지역의 존경받

는 촌로에 대한 공경의 마음을 담은 시이다. 김사대와 장창대
는 정약전과 교류가 있던 지역 인사이다.

정약전의 기록에서 가장 주목되는 곳은 시문의 시작 부
분에 별도로 기록되어 있는 "박봉혁(朴鳳赫) 인보(仁甫)는 암태도
사람인데, 사위 이공묵(李恭默)의 집에 왔다가 날마다 우리 집을
찾아왔다. 시를 짓자고 조르는 것을 일과로 삼았는데, 내가 끝
내 사양하지 못했다"라는 부분이다. 암태도에 사는 박봉혁이
라는 섬 인물이 찾아와 함께 시를 지으며 교감을 나누었음을
알 수 있다.

흑산도 사람 이공묵의 존재는 『경주 이씨 대동보』에서
실명이 확인된다. 박봉혁과 이공묵은 당시 섬마을에 살던 향촌
지식인으로 보인다. 그들은 정약전과 함께 시를 짓고 교류하는
것이 가능한 수준의 지적 소양을 갖춘 인물이었다. 인근 섬에
살던 주민이 찾아와 서슴없이 작시(作詩)하기를 청할 정도로 정
약전은 지역민들과 친밀하게 지냈다.

섬사람과의 교류에서 가장 주목되는 인물은 장창대이
다. 그는 『자산어보』 집필의 최대 공로자였다. 그와의 만남 자
체가 정약전이 어보(魚譜)를 만들기 위해 자문해 줄 수 있는 인
물을 찾는 과정에서 출발했다. 『자산어보』 서문 내용을 통해
확인할 수 있다.

나는 섬사람들을 널리 만나 보았다. 그 목적은 어보를 만들고 싶어서였다. 그러나 사람마다 그 말이 다르므로 어느 말을 믿어야 할지 알 수 없었다. 섬 안에 장덕순(張德順) 창대(昌大)라는 사람이 있었다. 두문불출하고 손을 거절하면서까지 열심히 고서를 탐독하고 있었다. 다만 집안이 가난하여 책이 많지 못하였으므로 손에서 책을 놓은 적이 없었건만 보고 듣는 것은 넓지가 못했다. 성격이 조용하고 정밀하여 대체로 초목과 어조 가운데 들리는 것과 보이는 것을 모두 세밀하게 관찰하고 깊이 생각하여 그 성질을 이해하고 있었다. 그러므로 그의 말은 믿을 만했다. 나는 드디어 이분을 맞아 함께 묵으면서 물고기의 연구를 계속했다.

『자산어보』 집필에 장창대의 역할이 매우 컸다. 특히 "나는 드디어 이분을 맞아 함께 묵으면서 물고기의 연구를 계속했다"라는 표현이 주목된다. 실제 장창대와 같은 방에서 잠까지 함께 잤는지는 의문이나 함께 연구에 매진한 상황에 대한 표현으로 볼 수 있다. 신분에 구애받지 않고 섬사람들과 친숙하게 지냈으며, 섬사람들의 바다에 대한 토착 지식을 자신의 학문세계로 끌어오기 위해 노력했음을 알 수 있다.

장창대는 현 흑산면 대둔도 사람이었다. 주민들의 족보에서도 확인된다. 임자년(1792)생이며, 자는 덕보(德保)로 기록되어 있다. 족보상으로 보면 당시 20대 청년이었다. 젊은 나이 때문에 그동안 장창대는 정약전을 보조하는 청년의 이미지로 인식되어 왔다. 그러나 정약전이 장창대를 위해 지은 시「기장창대(寄張昌大)」를 보면 그렇게 단순한 관계가 아님을 알 수 있다.

정약전은 장창대를 '사림(士林)'이라 표현하고 있으며, 낮부터 밤까지 교감을 나누는 사이임을 묘사하고 있다. 또 다른 시「증장창대(贈張昌大)」에서도 "바닷가의 선비"로 표현하고 있다. 이러한 문맥상 정약전에게 장창대는 『자산어보』 집필 파트너이자 힘든 섬 유배 생활을 이겨 낼 수 있도록 정신적인 교감을 나누는 인물이었다고 판단된다.

다산 정약용과 주고받은 편지

　　　고난한 섬 유배 생활에 가장 큰 힘이 된 것은 동생인 정약용과의 편지 왕래였다. 남아 있는 편지 내용을 통해 형제간의 깊은 우애, 학문적 격려, 유배 생활의 고충 등을 엿볼 수 있다. 정약용에게 보낸 편지는 모두 14편이 확인되고 있다. 13편은 한국학중앙연구원 소장 필사본 『열수전서(洌水全書)』에 수록되어 있고, 1편은 『다산여황상서간첩(茶山與黃裳書簡帖)』에 수록되어 있다. 『다산여황상서간첩』에 수록된 1편은 정약전의 편지가 정약용의 제자인 황상과 관련된 내용이어서 정약용이 황상에게 보관하도록 주었다는 내용이 부기되어 있다.

반대로 정약용이 정약전에게 보낸 편지는 17편으로 『여유당전서』 권20 서(書)에 수록되어 있다. 바닷길을 사이에 둔 정약전과 정약용 형제는 편지로 형제의 우애와 학문적 교감을 나누었다. 흑산도에 유배된 정약전도 학문적 열정을 놓지 않았음을 보여 준다. 서로의 궁금증에 대한 질문과 답이 매우 심도 있게 오고 갔다. 특히 정약용은 자신의 저술 내역을 편지로 알려 오고 형으로부터 그에 대한 조언을 받는 데 힘을 기울였다. 정약전에게 있어 정약용이 보내온 저술을 읽어 보고 그에 대한 논평을 하는 것은 유배 생활의 중요한 일상 중 하나였다.

정약전은 아우지만 정약용의 학문에 대한 열정과 이론을 높이 평가하였다. 단순히 격려만 한 것이 아니라 자신의 견해를 꼼꼼하게 전달하였다. 정약전은 정약용에 비해 학문적인 역량이 잘 알려지지 않았지만, 편지의 내용을 보면 그가 정약용의 학문을 평하고 지적할 정도로 높은 수준이었음을 알 수 있다. 또 정약용이 정약전의 지적을 그대로 수용하는 모습을 볼 수 있다. 정약용은 정약전의 묘지명에 다음과 같이 기록하였다.

내가 공의 말을 조용히 생각해 보니 참으로 바꾸지 못할 확론이었다. 따라서 이미 썼던 원고를 모두 버리고 공의 말대로 다시 원고를 작성하였다. 그러고 보니 … 모두 신기하게 들어맞아 조금도 틀림이 없었다.

편지에는 섬 유배 생활의 고충을 엿볼 수 있는 부분도 담겨 있다. 정약전은 식생활의 어려움을 자주 토로했던 것으로 보인다. 정약전의 편지에 화답하여 지은 정약용의 시에 섬 음식으로 힘들어했음을 보여 주는 내용이 담겨 있다. 정약전은 육식을 못 해 몸을 지탱하지 못할 정도로 야위었다.

이 말을 들은 정약용은 생명연장을 위해서라도 육식을 하는 것이 필요하니 섬 중에 지천에 널린 산 개를 삶아 먹을 것을 제안했다. 자신이 전해 들은 개 잡는 기술에 대해 소개하면서, 박제가(朴齊家)의 개고기 요리법까지 편지에 서술해 놓았다.

섬에서 제대로 먹지 못하는 형을 생각하는 애틋한 마음이 느껴지는 부분이다. 음식 외에 풍토병에 대한 고충도 있었다. 강진에 있던 정약용 역시 고질적인 옴으로 고생했는데, 그는 옴 치료를 위해 신이고(神異膏)를 직접 만들어 바르고 효과를 보자 이를 정약전에게도 보냈다.

정약용은 형을 염려하는 마음 때문에 자신의 제자를 혹

산도로 보내려는 계획을 세웠다. 이에 제자인 황상이 호응하였다. 자신이 우이도로 건너가 정약전 선생을 모시고 공부를 하다 오겠다는 뜻을 전했고, 정약용은 편지를 보내 전달하였다. 그러나 정약전은 동생의 이러한 제안을 받아들이지 않았다. 자신의 편의보다는 황상의 미래에 대한 배려 차원에서 거절한 것이었다. 거친 바다를 건너는 것과 섬 생활의 어려움을 잘 알고 있는 정약전이었기에 미래가 촉망되는 정약용의 제자에게 부담을 주고 싶지 않았던 것이다.

흑산도 유배 생활 중 겪은 가장 큰 고통도 정약용의 편지를 통해 전해졌다. 아들 학초에 대한 소식이었다. 학초는 학문을 좋아하고 특히 경전 읽기를 좋아한다는 소식과 장가를 든 후에는 흑산도로 아버지를 만나러 갈 준비를 하고 있다는 소식이 들려왔다. 그런데 갑자기 학초가 죽었다는 소식을 접하게 되었다. 절도에 유배된 정약전에게 가장 참기 어려운 고통의 순간이었다.

섬사람들이 장례를 치러 주다

대흑산도 사리마을에 머물던 정약전은 1814년 『자산어보』 집필이 마무리된 이후 다시 우이도로 거주지를 옮겼다. 거처를 다시 우이도로 옮긴 이유는 묘지명에 밝혀져 있다. 동생인 정약용이 방면(放免)의 은혜를 입을 것이라는 소식을 듣고, 동생과 조금이라도 가까운 우이도로 다시 되돌아간 것이다. 동생이 해배되면 필시 본인을 찾아올 텐데, 먼바다를 두 번 건너게 할 수 없다는 애틋한 마음 때문이었다. 정약전은 이후 3년 동안 동생의 소식을 손꼽아 기다렸지만 결국 두 사람은 생전에 다시 만나지 못했다. 묘지명에는 "서로 헤어진 16년 뒤인 병자년 6월 6일에 내흑산(內黑山) 우이보(牛耳堡)에서 59세의 나이로 생애를 마치셨다"라고 기록되어 있다.

그의 죽음을 가장 슬퍼한 사람은 역시 동생인 정약용이었다. 「기이아(寄二兒)」라는 글에 "외로운 천지 사이에 우리 손암 선생만이 나의 지기(知己)였는데, 이제는 잃어버렸으니, 앞으로는 비록 터득하는 바가 있더라도 어느 곳에 입을 열어 함께 말할 사람이 있겠느냐. 나를 알아주는 이가 없다면 차라리 진작에 죽는 것만 못하다. 아내도 나를 알아주지 못하고 자식도 나를 알아주지 못하고, 형제 종족들이 모두 나를 알아주지 못하는 처지에 나를 알아주던 우리 형님이 돌아가셨으니, 슬프지 않으랴"라고 그 애통한 마음을 표현하였다.

당시 정약용은 형의 부음을 듣고도 가 볼 수 없는 상황이었다. 대신 우이도 사람들이 정약전의 장례를 정성껏 모셨다. 정약전이 유배 생활 중 세상을 떠나자 우이도 사람들 모두

가 그의 죽음을 애도하는 분위기였다. 정약용이 이굉부(李紘父)에게 보낸 편지에 다음과 같이 기록되어 있다.

> 온 섬의 사람들이 모두 마음을 다하여 장례를 치러 주었으니, 이 마음 아프고 답답한 바를 어떻게 말할 수 있겠는가.

또한, 이후 5개월이 지난 11월 16일에 정약용이 우이도의 누군가에게 보낸 편지가 남아 있는데, 우이도 주민들이 정성껏 정약전의 장례를 치러 주고, 강진에 있는 정약용에게 부의(賻儀)까지 보내 줬다는 내용이 담겨 있다. 장례 후 시신을 운

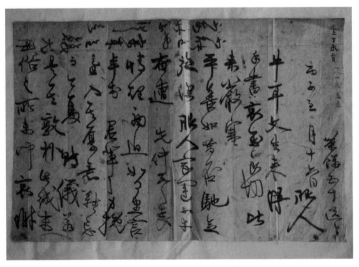

정약전 사후 정약용이 우이도 주민에 보낸 감사의 편지(강진군 소장)

구해 오는 것도 당시 형편으로는 쉽지 않았던 것 같다. 묘지명에는 우이도에 묻힌 후 "3년 만에 율정(栗亭)의 길로 운구하여 돌아왔다"고 기록되어 있다.

3장

조희룡,

조선 문인화를 완성하다

섬에서 유배 생활을 하던 조희룡은 용이 승천하는 모습을 자신의 장기인 매화 그림에 접목하였다. 이렇게 해서 섬 주민들의 이야기를 바탕으로 솟구치는 용의 형상을 아름답게 표현한 「용매도」가 탄생하였다. 이 그림은 마치 매화의 줄기가 용이 되어 하늘로 비상하고 있는 느낌을 준다.

조선 문인화의 최고봉

_____ 전라남도 신안군은 섬으로 이루어진 곳이다. 천 개가 넘는 유·무인도가 있어 일명 '1004의 섬'으로 불린다. 신안의 섬을 거쳐 간 수많은 유배인 가운데 예술가로 가장 유명한 인물은 우봉(又峰) 조희룡(趙熙龍, 1789~1866)이다. 조희룡의 본관은 평양이며, 1789년 서울에서 태어났다. 자는 치운(致雲), 호는 우봉(又峰)·석감(石憨)·철적(鐵笛)·호산(壺山)·단로(丹老)·매수(梅叟) 등을 사용했다. 조선 후기의 대표적인 화가로 시서화(詩書畵) 삼절(三絶)에 모두 능숙했다. 당시 신분상 중인들 문학단체인 벽오사(碧梧社)의 중심인물이었던 그는 한국인의 내면세계가 느

껴지는 조선 문인화의 세계를 창출해 낸 최고의 화가로 평가받고 있다. 근대기의 대표 서예가로 유명한 오세창(1864~1953)은 조희룡을 '묵장(墨場)의 영수'라고 칭송한 바 있다.

주로 그린 분야는 매화로 조희룡은 조선에서 매화를 가장 잘 그리던 화가였다. 대표작으로 〈홍매도대련〉, 〈매화서옥도〉 등이 있다. 그의 예술세계는 남의 수레를 뒤따르지 않는다는 의미의 '불긍거후(不肯車後) 정신'으로 상징된다. 조희룡은 이를 바탕으로 조선 문인화의 시대를 개척하였다. 그는 당쟁에 휘말려 1851년부터 1853년까지 약 2년간 임자도에서 유배 생활을 하였다. 유배 기간 중 섬사람들과 교류하며, 다양한 섬 문화를 체험하였다. 임자도 유배 생활은 예술가로서 한층 성숙하게 되는 계기가 되었다. 이론이나 기량 면에서 절정의 경지에 올랐다.

유배 생활을 했던 구체적인 장소는 현 신안군 임자면 임자도 이흑암리이다. 이곳에서 작품 활동에 몰두하였고, 섬 생활 중 보고 들은 바를 기록하였다. 임자도에서 그린 대표 작품으로는 〈황산냉운도〉, 〈홍백매팔연폭〉 등이 있으며, 현지에서 집필한 4권의 문집이 남아 있다. 조희룡은 신안군 임자도에 유배 와서 현지에서 많은 작품과 저서를 남겼기 때문에 다른 유배인들보다도 지역과의 관련성이 더 깊은 인물이다. 이를 통해

조희룡이 유배 생활을 했던 임자도 풍경(신안군 제공)

유배 생활의 어려움을 이겨 내며, 그것을 예술정신으로 승화시킨 과정과 섬 주민들과의 교류를 통해 해양문화에 심취해 가는 모습을 발견할 수 있다. 아름다운 튤립의 섬이자 명사십리 대광 해수욕장으로 유명한 임자도에는 조선 문인화의 영수 조희룡과 섬사람들의 숨겨진 이야기가 담겨 있다.

임자도 유배지 '만구음관'

조희룡이 유배된 이유는 명확하지 않다. 다만 실록에 따르면, 그는 1851년에 진종대왕(眞宗大王)의 조천[祧遷, 제사를 지내는 대(代)의 수가 다 되어서, 종묘(宗廟)의 본전(本殿) 안의 위패(位牌)를 그 안의 다른 사당인 영녕전(永寧殿)으로 옮겨 모시던 일을 반대하는 일에 연루된 김정희의 심복으로 지목되어 임자도로 유배된 것으로 보인다. 당시 나이 63세였다.

『조선왕조실록』에 기록된 이러한 유배 사유 때문에 한동안 조희룡을 김정희의 제자 정도로 인식하는 경향도 있었으나, 최근에는 오히려 예술적인 라이벌관계로 평가하는 추세이다. 실제로 김정희와 조희룡은 3살 차이밖에 나지 않는다. 특히 김정희가 많이 그리지 않았던 매화와 대나무 그림에서 조희룡은 독보적인 영역을 구축하였다. 김정희가 제주도에서의 유배 생활을 통해 더욱 성숙한 예술세계를 펼칠 수 있었던 것처럼, 조희룡은 임자도에서 유배 생활을 하면서 자신의 예술혼을 불태웠다.

조희룡은 1851년 신안군 임자도에 유배되어 1853년 3월 18일 해배될 때까지 약 2년간을 섬 주민들과 함께 바다와 갈매기를 벗하며 살았다. 그는 지금의 '이흑암리(당시 흑석촌)'에 3칸짜리 오두막집 거처를 마련하였다. 적거지에 마련한 이 오두막집을 조희룡은 "만구음관(萬鷗唫館)"이라 불렀다.

처음에는 억울하게 유배된 자신의 처지를 비관하며, '달팽이 집' 혹은 '게딱지 집' 등으로 표현하다가 주변의 자연환경에 동화되어 가면서 '만구음관'이라는 이름을 사용하게 된다. '만구음관'은 만 마리 갈매기가 우짖는 소리가 들린다는 뜻으

임자도 유배지 이흑암리에 복원된 만구음관 풍경

로, 조희룡은 바닷가에서 비상하는 갈매기들의 모습을 보고 매료되었다고 한다. 유배지가 바닷가에 자리하고 있어서 갈매기 소리가 매우 가깝게 들렸던 것 같다. 현재는 간척으로 인한 지형 변화로 조희룡의 적거지 앞쪽으로 농토가 조성되어 있지만, 당시에는 바로 해안가에 근접한 위치였다.

조희룡은 바닷가 마을에 터를 잡고, 만구음관에서 다양한 집필과 작품 활동을 계속하였다. 한편, 자신의 거처에 예서체(隷書體)로 쓴 '화구암(畵鷗盦)'이라는 편액을 걸었다는 기록도 남아 있다. 갈매기로부터 화의(畵意)를 얻는 집이라는 의미로 풀이된다. 섬마을 유배지의 작은 안식처였던 이곳에서 조선 문인화의 명작이자 조희룡의 대표 작품 다수가 탄생하였다. 당호가 남아 있는 조희룡의 그림 중 상당수가 이곳 만구음관 작품이다.

유배지의 공포를 그리다

　　　　유배 초기에는 억울하게 유배된 자신의 처지를 비관했고, 생소한 섬 생활에 대한 많은 두려움을 느꼈다. 밤이면 바닷가에서 귀신 소리가 들리는 듯했다. 유배인이면 누구나 마찬가지지만 조희룡 역시 섬에서의 생활에 적응하는 것이 쉽지 않았다. 초기에는 자신이 왜 유배를 오게 되었는지 모르겠다며, 분노에 차 있는 감정이 계속되었다.

　　　　또한, 그가 남긴 기록에는 낯선 유배지 외딴섬에서의 생활이 두려움과 공포의 연속이었음을 토로하고 있다. 임자도 유배 초기에 그린 것으로 평가되는 〈황산냉운도(荒山冷雲圖)〉라는 작품은 '거친 산, 찬 구름'이 담겨 있는 그림이라는 의미이다. 이 작품에는 다음과 같은 화제가 담겨 있다.

　　　지금 외로운 섬에 떨어져 살며 눈에 보이는 것이란 거친 산, 기분 나쁜 안개, 차가운 공기뿐이다. 그래서 눈에 보이는 것을 필묵에 담아 종횡으로 휘둘러 울적한 마음을 쏟아 놓으니 화가의 육법이라는 것이 어찌 이를 위해 생긴 것이라.

생소하기 그지없는 섬에서 유배 생활을 시작한 조희룡의 심리상태가 반영되어 있다. 그러나 차츰 안정을 찾은 그는 유배 생활의 경험을 새로운 예술세계로 승화시켰다. 임자도에서 기록한 산문집인 『화구암난묵(畵鷗盒讕墨)』에는 다음과 같은 구절이 남아 있다.

> 집 뒤로는 거친 산이요, 문 앞에는 바다 물결이 일렁이는데 크고 작은 대나무가 좌우로 울창하게 감싸면서 훤칠한 키로 우뚝 솟아 천연스레 웃으니, 누가 나를 사람 떠나 외로이 산다 하리오. 이 중에도 군자 육천 인을 얻은 셈이다.

똑같은 자연환경인데 세상을 보는 눈이 크게 달라졌음을 알 수 있다. 섬에서 보고 들은 모든 것들이 그의 예술세계를 한 단계 도약시키는 매개체가 되었다. 조희룡은 유배 생활을 통해 예술적 이론의 정립과 기량의 완숙으로 화가로서 절정의 경지에 올랐다. 유배된 시기가 이미 60대였기 때문에 보다 빨리 자신이 처한 환경을 받아들이고, 섬이 지닌 빼어난 자연환경을 예술적으로 승화시키는 데 더 유리했을지도 모르겠다.

섬에서 시도한 새로운 그림

조희룡은 낯선 섬의 생활환경을 극복하고, 새로운 작품을 만들어 나갔다. '괴석도'나 '묵죽도'가 대표적인 사례이다. 이전에는 난·국화·매화를 주로 그렸었다. '괴석도'는 임자도 해변가의 아름다운 수석들이 모델이 되었다. 조희룡과 임자도 유배 시절 가장 친밀했던 인물은 통제사를 지낸 우석(友石) 김건(金鍵, 1798~1869)이었다. 조희룡의 기록에는 '김태(金台)'라는 이름으로 자주 등장하고 있다. 그는 함경도 회령에서 수군통제사를 지냈고, 조희룡보다 2년 먼저 유배되어 동병상련의 아픔을 함께하는 사이였다.

김건의 취미는 임자도 해변의 수석을 감상하는 것이었다. 조희룡은 그와 함께 임자도의 아름다운 자연과 수석을 구경하러 다녔다. 유배 시절 남긴 시를 모은 『우해악암고(又海岳庵稿)』에는 "우석 선생 또한 이 섬에 유배 와 있었는데, 나와 함께 정답게 지내면서 날마다 돌을 주워 모으는 것을 소일거리로 삼았다. 매양 바람결에 파도를 타고 이르지 않는 곳이 없이 기이한 돌을 많이 얻어다 각자 대나무 숲 속에 작은 산을 만들어 놓았다. 서울 성중에 있을 때에는 이같이 맑고 훤한 정취를 얻을 수 없었다"라고 표현되어 있다. 섬에 유배 와 있기에 느낄 수 있는 감흥을 자신이 처한 환경의 장점으로 받아들여 이를 작품으로 승화시킨 것이다.

하루는 이흑암리 마을의 당(堂) 앞을 지나가다가 귀신 형상의 돌 하나를 발견하였다. 조희룡은 그 귀면의 돌을 그려서 벽에 걸어 두었다. 이것이 '괴석도'를 본격적으로 그리기 시작한 계기가 되었다. 또한, 문인화의 주요 소재인 대나무도 새롭게 그리기 시작했다. 섬에서의 유배 생활은 조희룡으로 하여금 대나무를 새롭게 인식하게 하였다. 적거지 만구음관 주변에는 대나무가 많이 자라고 있었다. 유배된 마음속 울분을 대나무와 함께 나누었고, 그것을 작품으로 승화시켰다. 조희룡의 '묵죽도'는 이렇게 탄생하였다.

섬 주민들의 이야기를 토대로 탄생한 용매도

조희룡의 그림 중 가장 빼어난 분야는 '매화도'였다. 특히 홍매화를 즐겨 그린 것으로 알려져 있다. 조선 후기는 화사한 꽃 그림이 유행하던 시대였는데, 그 배경에는 서화를 향유하는 계층의 폭이 넓어진 것과 함께 매화도의 대가 조희룡의 역량이 작용하고 있었다. 그의 그림 실력은 유배지 임자도에서 절정의 경지에 올랐다. 비록 유배지에 매인 몸이지만, 매화도를 그려 달라는 주문은 전국에서 밀려왔다. 유배된 죄인의 몸이었지만, 인근 지역의 관리들도 그의 그림을 얻고 싶어 했다. 영암의 사또는 "일부러 사람을 보내 매화 그림을 청해 오기도 했다." 그는 잡념을 떨쳐 버리고 작품 활동에 전념하였고, 한층 성숙한 절정의 기량을 선보이기 시작했다.

그중 대표작은 마치 용의 형상을 한 '용매도'이다. 이와 관련해서는 재미있는 이야기가 전해 온다. 조희룡은 임자도 주민들로부터 용에 대한 이야기를 자주 들었다. 어느 날 천둥이 치고 비가 오고 있었는데, 갑자기 사람들이 "용이 승천한다" 하고 외치는 소리를 들었다. 조희룡은 급히 문밖으로 뛰어나갔다. 그러나 사람들이 가리키는 곳을 보니 이미 용은 사라지고 난 뒤였다.

사람들은 그에게 용의 형상을 설명하기를 "마치 기둥과 같은 꼬리가 늘어져 말렸다 풀렸다 하면서 유유히 동그라미를 그리다가 구름 사이로 들어가 없어졌다"라고 하였다. 조희룡은 용이 승천했다는 곳에 가 보았다. 직접 용을 보지 못한 조희룡은 흥분해 있는 주민들의 증언을 듣고 크게 아쉬워했다. 바다를 터전으로 살아가는 섬사람들의 특성상 용은 매우 친밀하면서도 숭배의 대상이었다. 조희룡 기록에는 "해도의 사람들 중에는 용이 승천하는 것을 본 이가 많다. 우레 치고 비 내리는 속에 기다란 것이 구름 사이에 매달려 있는데, 그 형체를 자세히 보면 마치 기둥 같은 것이 말렸다 풀리었다 하면서 수시로 동그라미를 그리며 없어지곤 한다"라는 섬 주민들의 증언이 남아 있다.

섬에서 유배 생활을 하던 조희룡은 용이 승천하는 모습을 자신의 장기인 매화 그림에 접목하였다. 이렇게 해서 섬 주민들의 이야기를 바탕으로 숏구치는 용의 형상을 아름답게 표현한 '용매도'가 탄생하였다. 이 그림은 마치 매화의 줄기가 용이 되어 하늘로 비상하고 있는 느낌을 준다. 조희룡의 매화 그림에서 매화 줄기는 나무가 아니라 하늘로 비상을 꿈꾸며 용트림하는 용의 형상으로 승화되었기 때문에 이후 조희룡의 홍매도를 흔히 '용매도(龍梅圖)'라 부르고 있다.

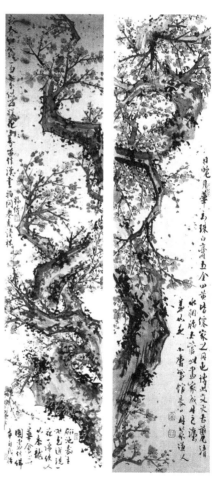

조희룡의 대표작 〈홍매도대련〉(삼성미술관 리움 소장)

현존하는 조희룡의 홍매도 중에서 최고의 작품으로 평가되는 〈홍매도대련(紅梅圖對聯)〉에는 물을 박차고 힘차게 승천하는 용처럼 구불거리며 올라가는 줄기에 붉은 꽃이 만발한 모습이 담겨 있다. 가지는 서로 뒤엉켜 몸부림치는 듯하고, 붉은 꽃은 온몸의 기가 분출된 듯 불꽃같은 형상으로 표현되었다. 조희룡의 매화 그림이 섬마을 주민들이 신봉하는 용의 승천하는 모습을 흡수하여 한층 역동적이고 살아 있는 작품으로 발전한 것이다.

어머리 해수욕장의 용난굴

조희룡이 그린 용매도의 모티브가 된 임자도 이흑암리에는 주민들이 '용난굴'이라는 부르는 해안동굴이 실제로 존재한다. 이곳에는 이무기가 바위 속에서 살다가 용이 되자 바위를 깨뜨리고 나와 하늘로 올라갔다는 이야기가 전해 온다. 그 용이 웅크리고 살던 자리가 '용난굴'이다. 이흑암리의 숨은 비경으로 알려진

'용난굴'은 조희룡이 적거했던 이흑암리의 해변에 있는 어머리 해수욕장의 끝자락에 형성된 해식동굴이다.

당시 조희룡은 이곳을 '용굴'이라고 표현했는데, 『화구 암난묵』에는 "섬의 남쪽에 용굴이 있어 내가 가 보았다. 천길 큰 암벽이 해안가에 서 있는데, 그 아래쪽으로 굴 하나가 뚫려 있다. 길이는 오륙십 척이고, 너비는 십여 척인데 꿈틀거리며 기어가는 형상을 하고 있어서 '용이 화한 곳'이라고 한다"라고 기록되어 있다. 조희룡은 섬마을 제자 홍재욱(洪在郁)과 주준석 (朱俊錫)과 함께 '용굴'에 갔었는데, 갑자기 바람이 거칠어지고 용난굴 앞바다에 파도가 일어났다고 한다. 기이한 날씨에 오싹 해진 조희룡은 제자들을 재촉하여 집으로 돌아왔다.

임자도에서 얻은 두 명의 제자

조희룡은 임자도 유배 시절 많은 작품을 그렸다. 마을 사람들에게도 매화 그림을 나눠 주고 식량과 교환했다. 심지어 임자도의 어부들도 매화를 평할 정도였다는 일화가 있다. 조희 룡은 섬 주민들과 비교적 친숙한 교류관계를 유지했고, 섬 주 민 중에 제자를 키우기도 했다. 특히 배움을 청한 인물 중 '홍 재욱'과 '주준석'이라는 마을 청년을 특별하게 생각했다. 청년 들의 진지함과 사람됨을 살펴본 조희룡은 그들을 제자로 거두었다.

　　그들은 힘든 유배 생활에서 조희룡의 손발이 되어 주었다. 배움에도 최선을 다해 글씨를 잘 썼고, 그림 실력도 좋았다. 조희룡은 외딴 섬마을에 글과 그림을 꽃피울 수 있는 재목들이 있음에 놀라워했고, 사제의 정을 나눌 수 있는 제자를 얻게 됨을 진실로 기뻐하였다. 그는 유배가 풀려 임자도를 떠난 후에도 제자들과의 인연을 지속하였다.

　　조희룡이 임자도에서 남긴 문집에는 두 제자와 관련된 글들이 남아 있다. 다만 이후 이 두 제자의 행적에 대한 기록이 남아 있지 않아 관련 자료의 발굴이 시급한 부분이다. 현지 주민들에게 탐문했을 때 두 인물의 후손들이 지금도 임자도에 살고 있는지에 대한 정보를 얻지 못했다. 이흑암리 주민들 가운데 섬을 떠나 출향한 인사들의 내력을 추적해 보면 그 실마리가 잡힐지 모르겠다.

　　조희룡은 임자도에서 유배 생활을 하는 동안 제자들의 도움을 받으며, 왕성한 집필 활동을 하였다. 남아 있는 그의 문집 가운데 4권이 임자도 유배 시절에 집필된 것으로 알려져 있다. 먼저 섬에서 겪은 일들과 자신을 유배 보낸 사람들을 원망하다가 마음속으로 화해한 내용을 기록한 산문집 『화구암난묵』이 있고, 해배될 때까지 자신의 마음을 기록한 시집 『우해악암고』, 가족들에게 보낸 절실한 사랑과 친구들에게 보낸 우정의 편지글을 모은 『수경재해외적독(壽鏡齋海外赤牘)』이 있다. 또 치열했던 예술혼을 담은 그림이론서 『한와헌제화잡존(漢瓦軒題畵雜存)』을 집필하였다. 섬에서 유배 생활을 한 사람들은 많이 있지만, 조희룡처럼 상세한 기록을 남긴 인물은 흔치 않다. 그의 문집에는 구체적으로 섬사람들과의 교류, 당시 생활 양상, 예술적 고민들이 고스란히 담겨 있다. 또한, 예술가의 저서로서 조선시대 문화예술의 모습을 살펴볼 수 있는 좋은 자료로 평가되고 있다.

조희룡이 극찬한 임자도 삼절

조희룡이 남긴 기록의 장점은 임자도 섬 생활과 관련된 내용이 상세하게 남아 있다는 점이다. 섬 생활 중 임자도에서 유배인이 겪은 상황들이 솔직담백하게 서술되어 있고, 임자도의 진면목을 알 수 있는 숨겨진 이야기들이 많이 있다. 가장 주목되는 것은 『화구암난묵』과 『우해악암고』 등에 언급된 임자도 '삼절(三絶)'에 대한 내용이다. 그는 임자도에서 세 가지 보물을 얻었다고 기록하였다. 삼절은 '작도(鵲島)의 가을 새우', '흑석촌(黑石邨)의 모과', '수문동(壽門洞)의 밝은 달'을 칭한다.

작도는 현 신안군 임자도 전장포 남쪽 바다에 있는 작은 섬으로, 새우잡이로 유명한 곳이다. 임자도의 전장포는 전통적으로 새우잡이와 새우젓의 고장으로 명성이 높다. 현대시인 곽재구의 「전장포 아리랑」이 바로 이곳 임자도 전장포를 소재로 지은 작품이다. 현재 전장포에는 관련 기념비도 세워져 있다. 조선시대부터 전장포가 새우로 유명했으며, 그 중심 어업 장소가 전장포 앞의 작도라는 작은 섬이었음이 조희룡의 기록을 통해 증명되고 있다.

흑석촌은 현 임자도 이흑암리의 옛 지명이다. 당시에는 이 마을에 모과가 많았던 모양이다. 섬 유배인이 겪는 생활의 고충 중 가장 중요한 문제는 건강관리 부분이었다. 섬은 내륙에 비해 일기변화가 심하고 안개도 많이 낀다. 그런 이유로 유배인들은 잦은 병치레를 하는 것이 일반적이었다. 조희룡도 예외는 아니었다. 그런데, 이 마을에 많은 모과나무가 그에게 큰 도움이 되었다.

수문동은 현 임자도 은동(隱洞)을 칭한다. 조희룡은 "섬 서남쪽에 수문동이 있는데, 산자락이 둘러쳐 감싸여 있고 서남쪽 한 면만이 큰 바다와 면해 있다"라고 표현하였다. 이곳은 현재 임자도 은동 해수욕장이라 불리는 곳이다. 오늘날에도 대부분의 관광객은 임자도의 대광 해수욕장을 주로 찾고, 은동 해수욕장을 찾는 이는 거의 없다. 그만큼 외진 곳에 있는 해안인

조희룡이 달구경을 했던 수문동 해변의 현재 모습

데, 조희룡은 정월 대보름에 김건과 함께 이곳 수문동을 찾아 달구경을 하였다. 『우해악암고』에는 "안개가 자주 끼는 바다 가운데 이 깊은 승경이 있을 줄 생각이나 했겠는가? 정월 보름날 김 통제사와 함께 이 수문동에서 노닐었는데, 이날 하늘은 개고 해는 청량하며 바다의 물결은 푸르고 맑았다. 이에 산꼭 대기에서 달을 기다리니 달은 크기가 땅덩이만 한데, 은빛 파도 사이로 구르고 있어 천리가 온통 한 빛이 되고 바다의 기색은 수은을 풀어놓은 듯하였다. 한평생 달구경에서 아마 오늘 밤이 대관(大觀)이 될 것이다"라고 그날의 감동을 기록하였다.

그는 직업이 화가이고, 헌종의 명을 받아 금강산을 그렸던 사례가 있듯이 전국의 많은 명승지를 돌아다녀 본 경험이 있는 사람이었다. 그런 조희룡이 유배지인 임자도의 수문동 해변에서 바라본 달구경이 천하의 으뜸이라고 칭송했을 정도이니 그 감동이 어떠했을지 상상이 된다. 더구나 섬에 유배된 이의 심정에서 이런 자연경관에 감흥이 일어난다는 것이 쉽지 않다는 점을 감안하면, 조희룡이 당시 받았던 물아일체의 행복감이 정말 컸음을 알 수 있다. 그 아름다움은 자신이 억울하게 유배된 죄인이라는 현실의 고통을 잠시나마 잊게 해 주었다.

섬사람들의 신기한 이야기

조희룡은 유배 시절 직접 경험하거나 혹은 섬사람들에게 전해 들은 놀랍고 신기한 이야기를 자신의 기록에 그대로 옮겨 놓았다. 그가 평소 친하게 지내던 섬 주민들은 하나같이 순박하고 거짓이 없는 이들이었다. 때로는 그들에게 전해 들은 이야기가 다소 황당한 느낌이 들기도 했지만, 말하는 이의 평소 성품으로 보아 거짓이 아닐 것이라는 믿음이 있었다. 임자도 사람들의 민속 중 하나인 도깨비불 구경하는 모습, 바다 위의 신기루, 인어 이야기 등에 대한 내용이 대표적이다.

임자도 사람들은 한밤중에 갯벌 위를 떠도는 도깨비불을 구경하는 풍속이 있었다. 조희룡이 거처하는 집 뒤쪽 산기슭 아래에 한 항구가 있었는데, 조수가 빠져나간 뒤 십여 리에 걸친 갯벌 위로 도깨비불이 푸른빛을 내면서 땅 가득히 쉬쉬 소리를 내며 오가곤 했다. 이 도깨비불은 비바람이 치더라도 없어지지 않았는데 해마다 섣달에 가장 성했다. 사람들은 이 장면을 구경하려고 한밤중에 높은 곳에 올라가서 등불을 감추고 보았는데, 등불이 보이면 곧 사라진다고 기록하고 있다. 우리나라 민담에는 도깨비불에 대한 이야기가 다양하게 전승되어 오는데, 조희룡의 기록을 통해 조선 후기 섬 주민들에게는 이 도깨비불이 공포의 대상이 아니었으며, 사람들이 이를 함께 구경하는 것이 민간 풍속이었음을 알 수 있다.

흔히 바다 위의 신기루라고 하는 '해시(海市)'에 대한 섬 사람들의 인식도 기록으로 전하였다. 임자도 사람들이 평소에 보는 신기루는 섬 밖 먼바다 가운데에 봄여름 계절이 바뀔 때에 주로 나타났다. 섬 주민들은 왕왕 누각이나 초목의 형상이 바다 위에 나타났다가 잠깐 사이에 변하여 사라진다고 했다. 조희룡은 이것을 '해시'라고 기록하였으며, 옛사람들은 신기(蜃氣)가 만든 것이라고 말한다고 했다. 우리나라 민담이나 전설에 자주 등장하는 신기루는 바다 위에 건립된 도시라는 뜻으로 '해시'라고 불리었다. 유배인 조희룡의 기록에 이러한 내용이 남아 있는 것은 그가 섬 주민들의 이야기를 허황된 말장난으로 보지 않고 신뢰했기 때문이다.

조희룡이 임자도 섬사람들에게 전해 들은 섬 고유의 풍속 중 최고의 백미는 임자도 인어(人魚) 이야기다. 어떤 어부가 투망으로 고기를 잡다가 한 부인을 건져 올렸는데, 살찐 피부는 희고 윤기가 나며 눈동자는 반짝반짝한데 머리를 풀어헤친 채 어린아이를 등에 업고 있는 것이 사람과 조금의 차이도 없었다. 어부는 놀랍고 기이하여 물속에 다시 던져 주니, 얼굴을 수면에 드러낸 채 수십 보를 가다가 곧 물속으로 들어가 보이지 않았다고 한다. 조희룡은 "이것이 과연 교어(鮫魚, 인어)라는 것인가? 지금 어부는 그 보이는 바를 말하였을 뿐 근거 없이 꾸며댈 줄 모르는 사람이니 이 이야기가 맞지 않겠는가? 아울러 우선 그대로 기록하여 박식한 사람을 기다린다"라며 자신이 들은 이야기를 그대로 기록으로 남겨 후세의 판단을 기대했다. 인어에 대한 전설은 조선시대 대표적인 설화집인 『어우야담(於于野譚)』에도 실려 있을 정도로 해안가 지역에 공통적으로 전해 오는 민담이다. 유배 후 직접 섬에서 생활을 하게 된 조희룡에게는 섬사람들이 들려주는 이런 이야기가 매우 신기하게 느껴졌다.

섬사람들의 도깨비불 구경, 신기루, 인어 등에 대한 이야기는 평소 조희룡의 인품과 성향을 엿볼 수 있는 부분이기도 하다. 섬사람들의 생활문화를 천박하게 보는 것이 아니라 신기한 이야기로 생각하며 호기심을 가졌음을 알 수 있다.

후배 유배인이 조희룡에게 남긴 편지

_____조희룡이 임자도에서 해배된 지 10년 후 경상남도 단성현 사람 김령(金欞, 1805~1864)이 임자도에 유배 왔다. 그는 1862년 9월 4일 임자도에 도착하였고, 1863년 9월에 해배되었는데, 섬에서 사는 도중에 1862년 10월 12일 임자도 사람 주학기로부터 먼저 유배 왔던 조희룡에 대한 이야기를 듣게 되었다.

김령은 조희룡에 대한 이야기를 전해 듣고 그의 작품이 궁금하였다. 조희룡의 서화와 시문을 구해 달라고 주학기에게 부탁하자, 그는 자기 집 상자 속에 보관해 둔 조희룡의 작품을 가져와 보여 주었다. 김령은 조희룡의 작품을 직접 보고 큰 감동을 받고, 1862년 10월 21일 조희룡에게 보내는 글을 썼다. 이 글은 김령이 남긴 유배일기인 『간정일록(艱貞日錄)』에 남아 있다. 유배인이 그전 유배인에게 글을 남긴 사례는 매우 이례적이다.

삼가 해악(海嶽) 조희룡 선생에게 아래와 같이 고합니다.
이곳은 선생님이 지나가신 은혜를 입은 섬이라고 들었습니다. 바다 나라에 남겨 놓으신 향기는 응결하여 상서로운 향내가 풍기고 있고, 남겨 놓으신 작품은 남쪽 옷을 입은 사람 집의 대나무 상자 속에서 옥처럼 빛나고 있었습니다. 옛사람이 말을 남기되 말씀하시기를 현인이 지나간 땅은 산천초목이 모두 휘황한 광채가 가득 차 빛난다 하였는데 그 말은 이곳을 일컫는 말인 것 같습니다. 후배는 사람이 사는 곳에서 멀리 떨어진 경치 좋은 땅에서 나날을 보내다가 선생님이 먹으로 그리신 작은 첩자와 시문 한두 점을 얻었습니다. 자세히 보니 글과 그림의 얼룩은 가히 칠무의 글이요, 한점 한점은 가히 중국 하나라 우왕 때 전국 아홉 주에서 거두어들인 금으로 만든 솥으로 만들어 낸 음식과 같은 깊은 맛을 지니고 있었습니다. 손을 씻고 불을 밝혀 보니 이것은 뭇사람들이 아무렇게나 입에 담을 것이 아니었습니다. 향기롭고 아름다운 구슬과 같다 하겠으니 분명 소동파의 진수를 이어받은 것이라 하겠습니다. 가지고 놀되 즐거움이 되고 즐기되 맛을 잃지 않을 것입니다. 마치 목마른 듯이 마치 배고픈 듯이 선생님의 작품으로 달려들었습니다. 더할 수 없이 선생님의 원대함에 감탄하고, 더할 수 없이 나의 부족함에 부끄러워하였습니다. 사람의 정분은 마음에 있는 것이지 얼굴을 마주하는 데 있지 않을 것입니다. 어찌 꼭 얼굴을 마주 대하려 하겠습니까. 청하건대 천 리 먼 길 떨어져 있으나 평생토록 영원히 마음으로 받들고자 합니다.

흥미로운 점은 조희룡이 유배지에서 힘든 고충을 이겨 내면서 그린 작품들이 그 뒤의 유배인 김령에게 자신의 섬 유배 생활을 이겨 낼 수 있는 큰 위안이 되고 있었다는 것이다. 또한, 섬 주민들이 조희룡의 작품을 소장하고 있었을 정도로 그가 유배지에서 많은 작품 활동을 하였고, 덕분에 주민들에게도 작품이 전달되었음을 알 수 있다.

울면서 왔다가, 울면서 떠나는 임자도

_____조희룡은 1853년 3월 18일 해배되어 임자도를 떠났다. 당시의 심정을 "나의 정 도리어 무정한 곳에 극진했거니, 어찌 '어조(魚鳥)'에게만 그랬으랴, 창 앞두어 몇 그루 대나무 있어 꼿꼿하게 붙들고, 지켜 준 지 3년이었네"라는 시로 남겼다. 현재의 임자도 주민들 사이에는 옛날부터 "임자도는 흔히 울면서 왔다가 울면서 가는 곳"이라 했다는 이야기가 전해 온다. 처음 섬에 들어올 때는 자신의 억울한 유배 신세가 서러워서 울고, 떠날 때는 섬 주민들과 정든 마음을 두고 가야 하는 아쉬움 때

문에 운다는 것이다.

조희룡에 대한 섬 주민들의 애정은 지금도 지속되고 있다. 사실, 조희룡과 임자도와의 관계가 대중적으로 알려진 것은 그리 오래되지 않았다. 추사 김정희의 명맥은 진도 출신 소치 허련에 의해 남종화로 발전되었고, 조희룡의 명맥은 후배인 유숙을 거쳐서 유명한 오원 장승업에게 연결된다.

진도는 운림산방이 명소화되어 그 명성을 얻었지만, 조희룡의 예술혼이 꽃피웠던 임자도 만구음관은 대중들에게 전혀 알려지지 못했다. 이를 안타깝게 여긴 신안군 임자도 출신 문화예술인들이 모여서 '조희룡을 찾는 사람들'이라는 모임을 만들고, 활동한 것이 조희룡이라는 존재를 세상에 널리 알리는 계기가 되었다.

그 성과를 바탕으로 단행본 『조희룡평전』이 발간되었고, 2003년 1월의 문화 인물로 선정되기도 했다. 이후 신안군에서 조희룡이 유배 생활을 했던 이흑암리마을에 적거 기념비를 세우고, '만구음관'을 복원하여 공원화하였다. 현재 임자도의 대표적인 관광지인 대광 해수욕장에 조희룡기념관이 조성되어 있는데, 조희룡과 임자도의 인연을 홍보하고 기념하는 장소로 활용되고 있다.

4장

박우현,
유배지의 비망록을 남기다

이 기록에는 유배인과 교류한 섬사람들의 이름이 구체적으로 등장한다는 점이 특징이다. 자신을 도왔던 보수주인의 이름부터 글공부를 했던 제자들의 이름, 지원품을 보내준 사람들, 수군진 관련 관리들, 왕래한 사람들의 이름 등이 기록되어 있다. 또한 「우이도」라는 섬에서 발생한 주요 사건과 사회상 변화를 읽을 수 있는 자료들이 담겨 있어 사료적 가치가 매우 크다.

박우현의 유배일기 『자산록』

　　　　박우현(朴遇賢, 1829~1907)은 조선 말기의 문신으로 본관은 고령이고, 아버지는 박수룡(朴秀龍), 어머니는 진성(眞城) 이씨(李氏)이다. 현 경상북도 영천시 북안면 원당리에서 출생했고, 영주에서 살았다. 자는 치문(穉文), 호는 금파(錦坡)이다. 1869년(고종 6) 급제하여 이듬해 승정원 부정자가 되었고, 1873년 사헌부 감찰, 사간원 좌정언 등을 지냈다.

　　　　그는 1873년 최익현(崔益鉉)이 홍선대원군의 정책을 비판하는 상소를 올린 일에 대해 이를 논박하는 내용의 상소를 올렸다가 흑산도(실제 거주는 현 우이도)로 유배되어 약 11년 동안 섬에

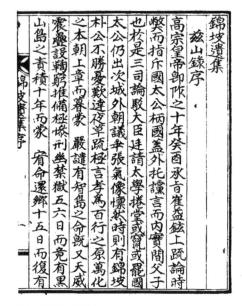

『금파유집』 내표지

서 유배 생활을 했다. 『자산록(玆山錄)』은 박우현이 남긴 우이도 유배 생활과 관련된 기록이다. 시기적으로는 자신이 유배되기 전인 1869년 9월 13일부터 1884년 11월 25일까지의 상황을 일기 형식으로 작성하였다.

『자산록』은 박우현의 문집인 『금파유집(錦坡遺集)』에 수록되어 있다. 이 책은 1책 2권으로 구성되어 있는데, 그중 『자산록』은 1권에 실려 있다. 손자인 박병인(朴柄寅)이 편집하여 1957년에 간행한 것이다. 발행 시기가 비교적 근자이기 때문에 국립중앙도서관 등 여러 곳에 원본이 남아 있다.

책의 제목을 『자산록』이라고 한 이유

　　책의 제목을 『자산록』으로 한 것에 대해서는 「자산록서(玆山錄序)」와 책의 끝에 첨가된 발문에 여러 차례 언급되어 있다. 두 가지 이유에서였다. '흑산도'는 임금이 죄를 물어 정배한 장소이기 때문에 그 이름을 그대로 쓰는 것을 피했다. 그래서 검을 '흑(黑)' 자를 같은 뜻의 '현(玄)'으로 바꾸고, 같은 섬에 두 번 유배당하였으니 '현(玄)'을 두 번 쓴 '자(茲)'로 이름을 붙였다. 박우현은 1882년 7월 유배의 몸에서 풀려나 고향으로 돌아가는 도중에 다시 환배(還配)의 명을 받아 우이도로 돌아가 2년을 더 살았던 독특한 경험을 했다. 때문에, 자신의 저술에 『자산록』이라는 이름을 붙이게 된 것이다.

『자산록』 명칭의 내력은 정약전이 유배 시절 집필한 『자산어보』의 제목에 담긴 뜻을 이해하는 데도 도움이 된다. 『자산어보』 서문에 "자산(茲山)은 흑산(黑山)이다. 나는 흑산에 유배되어 있어서 흑산이란 이름이 무서웠다"라고 표현하였다. 이 글에서 무섭다는 것은 '흑산'이라는 발음이나 뜻 자체가 무섭다

박우현이 유배 생활을 했던 우이도 전경(신안군 제공)

는 것이 아니다. '흑산'은 곧 죄인의 유배지를 상징하기 때문에 지명에 담긴 뜻은 같으나 명칭은 다르게 사용했던 것으로 이해된다.

『자산록』의 구성과 자료적 가치

　　　　『자산록』의 분량은 총 78쪽이다. 시기는 유배 전후 과정이 포함되어 있다. 날짜 수로는 총 229일이다. 초반부는 박우현이 과거에 급제하고 관직에 나가는 과정, 1873년 최익현이 대원군을 탄핵하여 하야시킨 일을 논박한 상소, 본인의 상소로 인해 국문(鞫問)을 당하고 섬에 유배되는 과정이 상세하게 서술되어 있다.

　　　　실제 우이도에 유배된 시기와 관련된 부분의 기록은 총 171일이다. 박우현은 1874년 1월 4일 우이도에 도착했고, 1884년 11월 28일에 떠났다. 그의 나이 46~56세 시기를 우이도에서 유배 생활을 하며 보냈다. 햇수로 11년에 걸친 기록치고는 분량이 그리 많은 편은 아니다. 날짜별로 기록을 남겼기 때문에 형식은 일기에 가깝다.

　　　　그러나 1년에 평균 20회를 넘지 않았다. 그나마도 유배 기간이 길어질수록 기록의 빈도가 낮다. 따라서 『자산록』은 유배의 일상을 하루하루 기록한 일기(日記)로 보기는 어렵고, 유배 생활의 전말과 중요한 내용을 기록으로 남기려는 '비망록(備忘錄)' 성격이 강하다. 박우현 스스로 『자산록』을 남긴 이유를 책의 말미, 1884년 12월 25일 기록에 다음과 같이 서술하고 있다.

> 이에 그 진말(顚末)을 기록하여 자손에게 남겨서 너희 늙은이의 뜻이 여기에 있었다는 것을 알게 하고자 한다. 내가 죄에 저촉되면서부터 용서를 받기까지, 그간에 귀양길을 바삐 오가고, 또, 귀양살이를 하면서, 오로지 다른 사람에 의지하고 도움을 입은 것 또한 잊지 못하고 이와 같이 말해 둔다.

『자산록』의 내용은 주로 유배와 해배 과정, 집안의 소식과 나라가 돌아가는 일, 외부에서 편지가 도착했거나 손님이 찾아오는 경우, 낯선 섬의 풍토에 적응하지 못해 생긴 자신의 병세와 치료 과정, 힘든 유배 생활을 버틸 수 있도록 도와준 인물들에 대한 내용, 섬사람들과 교류한 내용 등이 중심을 이룬다. 날짜별 기록 역시 그때그때 적은 것이라기보다는 기록이 가능할 때 정리 차원에서 한꺼번에 적은 것이다.

『자산록』은 비록 일기는 아니지만, 매우 긴 시간적 범위를 다루고 있다는 점에서 특별하다. 또한, 정약전이나 최익현이 우이도와 대흑산도를 오가며 거주한 것에 비해 박우현은 우이도에만 머물렀다. 즉, 『자산록』은 11년 동안의 우이도 유배 생활과 관련된 기록이므로 당시 사회상의 한 흐름을 종합적으로 살필 수 있다는 장점이 있다.

　　무엇보다 『자산록』에는 박우현과 교류한 사람들의 구체적인 이름이 등장한다는 점이 매력적이다. 자신을 도왔던 보수주인의 이름부터 글공부를 지도했던 제자들의 이름, 지원품을 보내 준 사람들, 수군진 관련 관리들의 이름, 왕래한 사람들의 이름 등이 그대로 실명으로 기록되어 있다. 또한 '우이도'라는 섬에서 발생한 주요 사건 사고와 사회상 변화를 읽을 수 있는 자료들이 담겨 있어 사료적 가치가 크다.

유배지까지의 압송 과정

　　조선시대에 유배인을 배소지에 압송하는 과정에 대한 행정절차는 유배인이 관직자인지 여부와 관직 고하에 따라 달랐다. 관직을 가진 인물의 경우는 주로 의금부에서 유배인을 압송하는 임무를 맡았는데, 박우현의 기록에는 자신을 압송하는 데 참여했던 의금부 관리들의 실명과 구체적인 이동 과정이 아주 구체적으로 담겨 있어 흥미롭다.

　　의금부 부랑(府郞) 무도사(武都事) 남궁영(南宮泳), 압령나

장(押領拿將) 유정식(劉禎植), 압리(押吏) 오 모(吳 某) 등이 압송하는 임무를 맡았다. 박우현에게는 보통 사람이 사흘 걸리는 길을 하루에 가는 '삼배도(三倍道)'로 압송하라는 명이 내려졌다. 압송책임을 맡은 부랑은 박우현의 유배 길을 재촉하는 일을 맡았고, 실제로 지체 없이 최대한 빠르게 이동하려고 노력했다.

그는 1873년 12월 21일 출발하여 과천읍(果川邑)―화성(華城)―진위읍(振威邑)―천안읍(天安邑)―노성읍(魯城邑)―예산읍(禮山邑)―삼례역(三禮驛)―전주(全州)―태인현(泰仁縣)―정읍(井邑)―월봉점(月峰店)―노령(蘆嶺)―장성현(長城縣)―나주읍(羅州邑)―무안읍(務安邑)을 거쳐 12월 30일에 배를 타기 위해 당시 영광에 속한 다경진(多慶津)에 도착했다. 육로로 약 10일 동안 이동한 셈이다.

박우현은 유배되는 죄인이었지만 이동 과정에서 건강 상태에 따라 가마꾼을 이용하는 것도 가능했고, 이동 과정에서 해당 지역의 관리들로부터 음식과 노자를 지원받기도 했다. 이처럼 유배되는 이들이 지나가는 고을의 관리들에게 위로 성격으로 지원받는 것은 실제로 가능했다. 또한, 압송책임을 맡은 부랑이 반드시 유배 죄인의 옆에서 동행하는 것은 아니었다. 유배 죄인의 노정을 재촉하고 중간중간 거점에서 수시로 도착 상황을 점검하는 수준으로 압송이 행해졌다. 물론 이는 도망의 위험이 없는 인물이었기 때문이기도 했겠지만, 이러한 방식이 아주 이례적인 것은 아니었다.

섬 유배인이 겪는 바닷길의 고통

_____ 유배지인 흑산도(우이도)로 입도하기 위해서는 다경진에서 배를 타야 했다. 해를 넘긴 1874년 1월 1일에 출항하여 현 신안군에 해당하는 암태도(巖泰島) 남강진(南江津), 비금도(飛禽島) 관청구(官廳口)를 경유한 후 1월 4일에 우이도에 도착했다. '다경진 → 암태도 남강진 → 비금도 관청구 → 우이도'로 연결되는 뱃길은 당시 유배인이 이용하는 일반적인 경로였다. 오늘날 목포에서 신안군 섬으로 이동하는 여객선이 다니는 경로와 거의 흡사하다.

우이도와 다경진 지역은 직선거리로는 55㎞ 정도 떨어져 있다. 박우현은 이곳에 4일 만에 도착했고, 중간에 비금도에서 바람 때문에 하루를 그냥 머물렀다. 날이 좋으면 3일 만에 이동할 수 있는 거리였음을 알 수 있다. 1876년 우이도로 유배된 최익현의 경우에는 다경포에서 배를 띄워 6일 만에 도착하였다는 기록이 있으므로 날씨에 따라 소요시간이 달랐음을 알 수 있다.

평소 배를 타 볼 기회가 적었던 박우현에게 우이도로 향

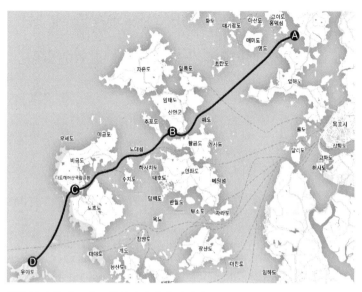

박우현이 우이도에 도착하기까지의 바닷길
Ⓐ 다경진 → Ⓑ 암태 남강진 → Ⓒ 비금 관청도를 거쳐 도착

하는 뱃길은 그야말로 고통이었다. 1874년 1월 1일 기록에 "평
생 겪어 보지 못한 험한 물길에 올랐으니, 오장이 뒤집히고 구
토가 나서 먹은 음식이 밖으로 솟구쳐 나오는데 도저히 견딜
수가 없었다. 겨우 암태도(巖泰島) 남강진(南江津)에 이르렀는데
정신을 놓고 쓰러져 깨어나지 못하였다"라고 표현하였다.

　　실제 해로에서 암태도까지는 연안 도서에 해당하여 파
도가 심하지 않은 지역이다. 그럼에도 박우현은 암태도에 도착
했을 때 이미 정신을 놓을 정도로 힘들어했다. 다경진까지 내
려오는 과정에서 이미 체력이 고갈된 상태였고, 거기에 평소
경험하기 쉽지 않았던 바다에서 배까지 타게 되었으니 그 고통

이 더 심했을 것이다. 이렇듯 조선시대 양반들에게는 배를 타고 섬 유배지로 가는 길 자체가 매우 힘든 경험이었다.

유배지의 보수주인

　　　섬에 유배인이 오게 되면 지역 관할청에서는 '보수주인 (保囚主人)'을 지정하여 유배인이 적거하는 장소를 정한다. 이에 따라 머물게 되는 집은 '적소(謫所)'가 되고 유배인을 감호하는 책임을 맡는 지역민은 '보수주인'이 된다. 유배인 처소와 보수주인에 대한 적용 사례는 유배된 섬의 사정에 따라 조금씩 다르게 나타난다. 더 후대이기는 하지만 지도에 유배된 김윤식은 스스로 처소를 구입하여 적거지를 몇 차례 옮기기도 했다. 그러나 우이도의 사례처럼 멀고 생활환경이 더 척박한 경우에는 유배인 스스로 처소를 마련하거나 생계를 유지하기가 쉽지 않았다.

　　　박우현이 맨 처음 섬에 도착했을 때는 주민 최옥순(崔玉筍)의 집에 적거하였다. 집주인의 경제 사정이 좋지 않고 집이 비좁아서 생활하기가 매우 힘들었다. 1년 7개월이 지난 뒤에 거처를 문광수의 집으로 옮겼다. 문광수(文光壽)는 박우현에게 글공부를 하러 오는 '갑구(甲耉)'라는 학동의 작은아버지였다. 이전 거처에 비해 조금 편안해졌다고 한다.

우이도 주민들에 대한 박우현의 인식

박우현은 우이도 섬 사람들에 대해 매우 좋은 인상을 가졌다. 섬사람들의 풍속과 인심에 대해 "다행히 섬이라고는 하나 물과 풍토가 맑고 아름다우며, 민간의 풍속이 옛사람처럼 순박 돈후하여, 가끔 물고기와 향기로운 푸성귀가 나거든 먹어보라고 가져오기도 한다"라고 표현하였다.

육지에서 온 유배인이었지만 섬 주민의 생활상을 천하게 여기는 기록이 없다는 점이 박우현이 남긴 『자산록』의 특징이다. 추자도 유배 가사인 이진유의 「속사미인곡」에는 섬 주민의 외모를 '어두귀면(魚頭龜面)'으로 묘사하고, 오랑캐에 비유하는 등 첫 대면의 어색함을 나타내는 표현이 담겨 있다. 박우현은 섬 주민들에 대해 편견이 적었던 것 같다. 그만큼 섬 주민들과의 관계가 좋았음을 알 수 있다.

글공부로 맺은 우이도에서의 인연

박우현이 우이도에 도착한 직후부터 주민들과의 교류는 매우 자연스럽게 이루어졌다. 섬 주민들은 자신의 아이들에게 글공부를 지도해 줄 것을 청했다. 1874년 1월 5일 기록부터 관련 내용이 나오는데, "이웃에 사는 김세권(金世權)이 그 아들 천두(千斗)를 데리고 와 공부를 가르쳐 주길 청하였다. 주인(主人)

의 아들 영근(永根)도 천자문을 수업하고, 문갑구(文甲喬), 김용근(金龍根) 또한 와서, 마침내 서너 명의 마을 아이들과 더불어 요리조리 글자를 짚어 가며 천천히 읽혀 갔다"라고 되어 있다.

보수주인의 아들 영근, 이웃집 아들 천두, 문갑구, 김용근과 마을 아이들 서너 명 총 7~8명이 박우현에게 글공부를 배우기 시작했다. 우이도 주민뿐만 아니라 대흑산도에서도 학문을 배우기를 청해 왔다. 섬에 유배 온 모든 선비들이 서당 훈장을 하는 것은 아니었다. 섬 주민 입장에서는 유배 온 사람들이 많아 매우 부담되는 존재로 인식하여 외면하는 경우도 많았다. 그렇게 보면 우이도 주민들은 상소로 인해 유배 온 박우현을 학식 높은 선비로 예우했던 것 같다.

글공부에 대한 대가는 자신들이 할 수 있는 성의를 보이는 것이었다. "이웃에 아홉 살 난 문정길(文正吉)이란 아이가 와서 공부하는데, 그 부모가 지성스럽게 두터이 보살피며, 물고기와 채소는 말할 것도 없이 때때로 음식을 가져오는데 그 성의가 가상하다"라는 표현이 남아 있다. 이 외에도 "천두(天斗)와 정길(正吉)이 각각 새로 지은 솜버선 한 켤레씩을 바쳤다"라는 기록도 있다.

글을 배우는 아이들과 섬 주민들은 유배지에서 힘들어하던 박우현에게 큰 힘이 되었다. 유배 생활이 길어지면서, 특히 유배지에서 해배의 소식을 듣지 못하고 해를 넘겨야 하는 시기에는 박우현의 마음이 더욱 심란해졌는데, 그럴 때마다 제자들과 주민들은 박우현을 위로하기 위해 노력했다.

1874년 12월 30일 기록에는 "글 배우는 아이들이 각각 술과 고기를 받들어 올리며 위로하였다. 섬사람들 또한 여러 사람이 찾아와 위로하였으나, 외로운 심정이 헝클어진 실 같아 스스로 물리치기 어려워 홀로 한 자루 꺼져 가는 촛불과 더불어 섣달그믐 밤을 지새웠다"라고 되어 있다. 해배될 날만을 기다리는 섬 유배인의 솔직한 심정이 담겨 있다.

대체로 의복의 세탁과 재봉은 제자들이 번갈아 수고해주었으며, 주로 제자였던 문갑구 집에서 도와주었다. 유배 생활이 길어지자 제자가 죽는 경험도 하였다. 1881년 문정길이 요절하자 박우현은, "칠팔 년 동안 서로 의지하던 사이인데 비참함을 어찌 말하리오"라는 안타까운 심정을 남겼다.

섬 유배 생활의 고충

육지에서 온 양반에게 섬 생활은 그리 쉽지 않았다. 박우현은 채 6개월이 지나지 않아 병세가 심해졌다. 섬의 자연환경과 음식이 큰 원인이었다. 1874년 6월 20일 기록에 "이곳 섬은 3~4월부터 5~6월까지 하루도 빠짐없이 뭉게구름이 일고 습한 안개가 자욱하게 끼어, 풍토에 익숙하지 않은 나로서는, 먹는 것이 내려가지 않고 심기가 불편하여 두통이 간간이 일어서, 이런저런 약을 복용해 보아도 효험이 없었다"라고 표현되어 있다.

섬은 안개가 자주 끼고 일기변화가 심한 편인데 유배인들은 그러한 자연환경의 변화로 인해 건강상태가 더 악화되고는 했다. 박우현의 병간호를 위해 우이도 주민들은 최선을 다했다. 박우현은 자신을 돌봐 주는 섬 주민들에 대한 고마움을 다음과 같이 기록하고 있다.

> 병세가 낫지 않고 오래 끌어 스스로 헤아려 보아도 꼭 죽을 것만 같다. 오직 다행스러운 것은 주인이 정성스런 마음으로 미음을 쒀 주고, 배우는 아이들은 좌우에서 부축하여 돕고, 또 안중명(安仲明)이 친히 진찰해서 지어 주는 약, 문도민(文道敏), 문광조(文光肇)가 치료에 힘을 다하는 것이 집안사람과 다름이 없다.

보수주인과 제자들, 섬 주민들의 도움이 마치 집안사람과 다름이 없다는 표현을 할 정도로 우이도 사람들은 유배 죄인인 박우현을 극진하게 대했다. 그러나 유배지에서 걸린 병은 쉽사리 치료되지 않았다. "설사병을 얻은 지 며칠이 되지 않아, 이질이 되어, 변을 누는 횟수가 너무 잦아지더니 원기가 다 빠져나가서 자잘한 약과 의원이 처방한 약을 많게는 30여 종을 복용해도 효험이 없을 뿐만 아니라 도리어 더욱 심해졌다"라고 기록하고 있다. 그만큼 육지 양반에게 섬 생활은 고통의 나날이었다.

섬 주민과 혈연관계를 맺다

유배인과 섬 주민과의 관계에서 주목되는 부분 중 하나는 현지에서 첩을 얻는 것이다. 박우현의 경우 1873년 11월 "섬사람을 첩으로 들어 몸을 의탁"했다는 기록이 남아 있다. 『자산록』에는 여인의 실명은 거론되지 않고 '측인(側人)'이라 표현되어 있다. 우이도 유배 시절, 이 측인과의 사이에 두 명의 자녀가 생겼다. 1879년 11월 25일에 여아를 출산했다. 딸아이의 이름은 '주교(珠嬌)'였다. 1882년 4월 22일에는 사내아이를 출산했다.

박우현은 "이 또한 외롭게 사는 가운데 하나의 기쁨이 되기에 족하다"라고 표현하였다. 1884년 12월, 박우현이 해배되어 섬을 떠났을 때 주교(珠嬌)의 이숙인 최금옥(崔金玉)은 오로지 박우현을 배웅하기 위해 육지까지 동행했다. 섬 주민과 유배인이 혈연관계로까지 연결되는 상황임을 알 수 있다. 일기에는 우이도에서 얻은 자식들을 데리고 함께 이동했는지에 대한 언급은 없다. 그러나 문맥의 흐름상 함께 섬을 떠났기 때문에 친척이 육지까지 배웅한 것으로 보인다. 양반이 유배지에서 첩을 얻어 자녀를 낳은 경우에는 함께 이동하는 것이 일반적이었다.

흑산진 관리들과의 관계

박우현은 명목상 위리안치 죄인이었다. 위리안치란 죄인이 배소에서 달아나지 못하도록 가시로 울타리를 만들고 그 안에 가두어 외부와 소통을 하지 못하게 하는 형벌이다. 그러나 섬 유배지 현장에서의 상황은 그 원칙이 철저하게 지켜지지 않았다. 그뿐만 아니라 박우현은 우이도의 수군진(흑산진) 관리들과 허물없이 교류하며 지냈다. 흑산진 관리와의 관계를 표현하는 다음과 같은 글들이 그 상황을 보여 준다.

"별장(別將) 조완희(趙完希)가 옛날이야기를 잘하여, 매일
저녁 와서 말을 나누는 것 또한 심심치 않게 날을 보내
며 지낼 만하였다."

"송 별장(宋 別將)은 지체와 문벌이 있는 데다가 또 예모

에 익숙하고, 나에게 심히 견권하여, 매일 서로 방문하였다."

"별장 전명인(全命仁)이 새로 왔는데 성품이 또한 인후하여 처음 보는데도 오래 사귄 친구 같아서 마치 송 군(宋君)을 보는 것 같다."

　　"서로 방문"했다는 표현에서 알 수 있듯이 박우현은 위리안치되어 꼼짝 못 하는 상황이 아니었다. 송 별장이 교체되어 가는 날에는 "서로 함께 눈물을 뿌리며 작별"하였다고 기록을 남길 정도로 그는 흑산진의 별장들과 각별하게 지냈다.
　　또한, 우이도 인근 관청의 관리들도 틈틈이 지원품을 보내왔다. 나주목사, 무안군수, 전주감영 감찰사 등에서 수시로 지원품을 보내 준 내용이 남아 있다. 돈을 보내기도 하고, 술이나 민어·전복·미역 등 먹거리를 보내기도 했다. 박우현은 비록 절도에 위리안치된 중죄인이었지만 인정상 주변에서 도움을 주는 것은 제한받지 않았으며, 주변 관리들과의 교류도 지속적으로 이루어졌음을 알 수 있다.

우이도에 남아 있는 조선시대 선창 모습

박우현이 본 우이도의 어업과 최치원 유적

박우현은 위리안치된 유배인이었지만 비교적 자유롭게 돌아다니며 섬 곳곳을 구경했다. 그가 남긴 기록에는 다른 자료에서 보기 힘든 당대 우이도의 사회상과 관련 정보도 많이 남아 있다. 1875년 3월 10일 기록에는 우이도 주변 어업 활동에 대한 내용이 언급되어 있다. "3~4월 사이에 이 섬에는 각 섬에서 물고기 잡는 그물배들이 서로 모여들어, 천백 척이 무리를 이루어 물결을 따라 오르내리는데, 높은 곳에 올라 멀리 바라보며 즐길 만하다고 한다"라고 묘사하였다. 이는 봄철에 고기잡이배들이 우이도 인근 해역으로 몰려들어 어업을 하는 상황을 기록한 것인데 조선 후기에 이 인근이 황금어장으로서 가치를 지녔음을 증명하는 내용이다.

우이도는 최치원과 관련된 설화가 전해 오는 곳으로 유명한데, 박우현은 유배 시절에 최치원이 남긴 흔적을 직접 보기도 했다. 우이도 굴암산(窟巖山) 유람과 관련된 기록이 1875년 3월 10일 일기에 남아 있다. "굽이돌아 산의 북쪽에 이르니 한 칸 석실이 있는데, 탑 위에 금불 좌상이 하나 있고, 말구유 아래 철마(鐵馬)가 고개를 들고 있는 것이 마치 바다를 건너가는 듯하다. 물어보니, 곧 여기가 신라 때에 고운(孤雲) 최치원(崔致遠)이 당나라에 갈 때 들러 갔던 흔적이라 한다"라고 기록되어 있다. 최치원 이야기는 오늘날까지 우이도 주민들에게 전해 오는 대표적인 설화이다. 이에 따르면 산의 기운을 다스리기 위해 최치원이 철마를 설치했다고 한다. 지금은 모두 사라져 버렸지만, 박우현이 유배 생활을 하던 19세기 후반까지는 관련 유적이 남아 있었음을 알 수 있다.

라이벌 최익현과 우이도 동거생활

박우현의 우이도 유배 생활 중 가장 드라마 같은 장면은 자신이 상소를 올려 비판한 대상자인 최익현이 같은 섬에 유배 오게 된 것이다. 『자산록』에 가장 많이 등장하는 인물의 이름이 최익현이다. 박우현은 우이도에서 유배 생활을 하는 동안에도 최익현의 소식을 종종 들었고, 그 행적과 관련된 내용을 기록에 남겼다. 그러다가 1876년 2월 10일 그가 우이도로 유배되어 온다는 소식을 듣고 매우 당황하였다. "최익현이 이 섬에 안치되어 온다고 하니 괴이하다. 우리 두 사람을 어찌 한곳에 모아 놓는단 말인가" 하고 탄식하였다.

정적이나 다름없는 껄끄러운 상대를 같은 유배인의 신분으로 작은 섬에서 마주하게 된 것이라 박우현 입장에서는 전전긍긍하게 된 상황이었다. 그러나 최익현이 먼저 포용적인 태도를 보였다. 1876년 7월 14일 기록에 당시 상황이 상세히 담겨 있다.

최익현이 찾아왔다. 애초에 그가 섬에 들어왔을 때부터 사람들에게 나의 병세를 물은 일이 자주 있었고, 또 그의 겸인(傔人) 김윤환(金允環) 편에 전갈을 보내고 문병하면서, 겸하여 고기도 몇 근 보내온 일이 있었다. 혐의(嫌疑)가 있는 처지를 헤아리지 않고 먼저 그처럼 포용하는 마음을 베푸는 데에 느낀 바가 있었지만, 답을 할 수가 없었다. 다만 상례에 따라 감사하다는 뜻을 전하였다. 이때에 이르러 만나 보러 찾아왔기에, 내가 말하기를, "하늘이 우리 두 사람을 한 섬에 내던져 놓게 한 것을 보면 세상 인연이란 것이 좋아하고 싫어함이 서로 이어지지만은 않는다는 것을 어찌 알았겠소." … 서로 웃으며 자리를 파하였다.

이렇게 최익현이 먼저 박우현을 찾아오면서 두 사람의 악연은 자연스럽게 풀리게 되었다. 밖에서는 정치적 소견이 달라 정적이 되었을지언정 유배지인 섬에서는 속세의 악연이 별로 중요한 일이 아니었다.

두 사람은 단순히 형식적으로 화해를 한 것이 아니라 이후 간간이 서로 만나 적적함을 면하는 사이로 발전했다. 비록 최익현의 상소를 비판했던 박우현이지만 유배지에서 만난 후로는 그를 존중하여 속세의 악연을 모두 떨쳐 내었다. 작은 외딴섬에서의 유배 생활이 밖에서 겪었던 사상적 갈등을 상쇄하고 소통의 길로 인도한 것이다. 1879년 3월 10일 최익현이 먼저 해배되어 인사를 나눈 후 우이도를 떠났다.

박우현이 경험한 우이도의 비극

우이도는 농사를 지을 땅이 적은 섬으로 농업중심이었던 조선시대에 사람이 살기에는 매우 척박한 땅이었다. 섬 주민들의 어려운 생활환경과 관련하여 1874년 1월 5일 기록에

"지세가 비록 탄환처럼 작으나 돌자갈이 많고 산비탈 밭은 메말라서 보리나 심기에 적당한 정도이니, 배를 부려 밖에서 곡식을 실어와 생계를 꾸려 간다"라고 표현하였다. 자급자족이 불가능한 지형이라 배를 이용해 외부에서 생활물자를 공급해 와야 하는 우이도 주민들의 경제 상황을 함축적으로 묘사한 것이다.

1876년에 이르러서는 섬 주민들의 경제 상황이 최악으로 변하였다. 그해 겨울부터 그 이듬해까지의 상황은 차마 눈 뜨고 보기 어려운 지경이어서 유배인이었던 박우현의 마음을 더욱 아프게 하였다. 우이도 주민들이 겪었던 비극의 역사가 박우현의 『자산록』에 생생히 기록되어 있다. 1876년 12월 3일 기록에 다음과 같이 묘사되어 있다.

섬에 칠팔월부터 바깥에서 들여오던 곡물이 갑자기 끊어지고 저축해 둔 곡식도 따라서 떨어지니 만약 손놀림 할 만큼 힘이 있는 사람이라면 오로지 갈근을 캐 먹으며 살아간다. 그러나 탄환 같은 작은 땅에 산물(産物)은 한이 있는데 캐는 것은 끝이 없으니 그나마 어찌 배겨 나겠는가. 이에 부황 든 사람이 속출하고 굶어 죽은 송장이 서로 이어져 강도와 절도로 인한 근심과 힘으로 빼앗

고 훔쳐 먹는 사람이 없는 곳이 없다. 이처럼 좋지 못한
상황이 어찌하여야 끝이 날지 모르겠다.

먹을 것이 없어서 섬 주민들은 산에 올라 갈근을 캐 먹
으며 연명하는 상황이었다. 사람들의 얼굴은 못 먹어서 부어올
랐고, 굶어 죽는 사람이 속출하고 범죄도 늘어났다. 심지어 이
듬해인 1877년에는 우이도에 큰 기근이 발생하여 그 참혹한 상
황은 더욱 심각했다. "본동 70여 호에 목숨을 잃은 사람이 일백
오륙십에, 한 집안이 모두 죽어 문이 닫힌 집 또한 수십 호에
달한다. 최옥순의 집도 참화를 면하지 못하였다고 하니 말할
수 없이 끔찍하다."

작은 섬마을에서 150~160명이 목숨을 잃었고, 대부분
의 집이 문이 닫혀 있는 상황이었다. 박우현은 우이도에 안치
된 후 처음에는 보수주인과 글공부를 하는 학동들의 도움으로
생계를 연명했다. 그러다가 1877년 11월 3일 기록에 "섬사람을
첩으로 들여 몸을 의탁하기로 하였다"라는 내용이 등장한다.
이는 1877년 우이도에 큰 기근이 발생하여 주민들이 막대한 피
해를 본 후에는 유배인의 처지를 돌봐 줄 수 없는 상황으로 변
하였음을 시사한다. 맨 처음 박우현이 머물렀던 보수주인 최옥
순의 집도 이때 피해를 입었다. 이 기록은 외부에서 생필품 공

급이 끊기면 생활의 위기에 빠지는 원해(遠海) 도서민(島嶼民)의 어려운 생활여건을 보여 주고 있다. 이러한 내용은 유배인의 기록이 아니면 어디서도 찾아볼 수 없는 19세기 후반 우이도의 구체적인 사회상에 대한 증언으로서 가치를 지녔다.

해배와 동시에 다시 같은 섬에 유배되다

박우현은 1882년 7월 13일 해배 공문을 받고, 8월 10일에 우이도를 떠났다. 그러나 불과 한 달 후인 9월 11일에 유배지로 다시 돌아가라는 명을 받았다.

해배 조치가 내려진 것은 임오군란으로 대원군이 일시적으로 재집권한 영향이었다. 임오군란은 1882년 6월 9일 신식군대에 비해 차별받던 구식군대가 일으킨 것이다. 당시 고종은 이 사태를 진정시키기 위해 대원군에게 도움을 청했다. 그러나 청에 대원군이 납치되고 임오군란이 일단락되면서 또다시 박우현을 비롯하여 대원군을 지지했던 유학자들은 환배의 명을 받게 된 것이다.

한 개인의 유배와 환배 해프닝에도 격동하던 한국근대사의 시대상이 고스란히 담겨 있다. 이후 박우현은 우이도에 2년을 더 머물다 1884년 11월 해배되었다. 이는 서두에 밝혔듯이 자신의 유배일기 제목을 『자산록』으로 지은 이유이기도 했다. 사실 박우현은 우리 역사에서 그리 널리 기억되고 있는 인물은 아니었다. 그러나 그가 유배지에서 경험한 일을 잊지 않기 위해 기록한 비망록인 『자산록』을 통해 그의 이름이 다시 기억되고, 당대 섬의 사회상이 재조명되고 있다.

5장

김평묵,

섬마을 두류강당을 형성하다

김평묵의 지도 유배 생활을 통해 유배인이 섬사람들에게 미친 영향과 상호 관계의 문제를 살필 수 있다. 흔히 유배인이 섬 주민들에게 많은 영향을 주었을 것으로 생각되지만, 그 구체적인 흔적을 찾는 것은 어려운 일이다. 하지만 김평묵의 경우는 지금도 그를 숭상하고 계승하는 학풍이 지도에 이어지고 있다. 또한, 섬 사람들이 유배인을 추모하기 위해 노력하는 이유를 보여주는 사례가 되기도 한다.

조선 유학의 거장 김평묵

　　　　김평묵(金平默, 1819~1891)은 경기도 포천 화사면 시우촌(時雨村)에서 태어났다. 자는 치장(穉章), 호는 중암(重菴), 시호는 문의(文懿)이다. 격동과 혼돈의 시기였던 조선 말기 유림의 대표적인 인물로 그의 사상은 화서학파의 특징인 대의명분을 중시하는 위정척사(衛正斥邪)와 존화양이(尊華攘夷)에 기반을 두고 있다. 매산(梅山) 홍직필(洪直弼)과 화서(華西) 이항로(李恒老)에게 수학하였고, 근대 개항기에 이항로의 사상을 그대로 계승하고 주창한 인물로 유명하다. 같은 동문으로 유중교(柳重敎), 최익현(崔益鉉, 1833~1906) 등이 있다.

김평묵은 최익현과 함께 위정척사를 주장한 대표적인 유학자이다. 그의 높은 학식과 지조는 사후 최익현에 의해서 널리 선양되기도 하였다. 최익현은 김평묵의 사상을 매우 숭상하여 후학들에게 중암을 본받으라는 당부를 자주 하였다. 1900년 작성한 「고청여(高淸汝)에게 답함」이라는 글에서는 "옛날 중옹(重翁)은 젊어서부터 늙을 때까지 한결같이 무한한 고해(苦海)의 인생이었네. 그러나 강론하고 탁마(琢磨)하며 수렴(收斂)하는 공부를 일찍이 한순간도 중단한 일이 없었네. 그리하여 그가 이룩한 것은 마침내 오당(吾黨)을 빛내고 세상의 교화를 부식(扶植)함이 저처럼 성대하고 확연하네"라고 하였다. 학자로서 성장하기를 바란다면, 모름지기 김평묵과 같은 과정을 통과해야 한다고 이야기할 정도였다.

사람 살기 좋은 유배지, 지도

지도(智島)는 전라남도 무안반도 서쪽에 있는 섬이다. 현 행정구역상 신안군 지도읍의 본도이며, 1975년 무안군 해제면과 연륙되어 육지화되었다. 조선시대에는 나주목에 속해 있다가, 1896년에 지도군(智島郡)이 별도로 설치되면서 군의 치소가 설치되었다. 1914년 이후 다시 지도와 주변 섬들은 무안군에 속하게 되었다. 지도는 섬이지만 외부와의 소통에 장점이 많은 곳이었다. 내륙과 매우 근접한 곳에 있는 지리적 특징과 수군진 설치, 유배인이 보내졌다는 점 등이 그 배경이었다.

해로의 측면에서 지도는 중요한 거점이었다. 가장 주목되는 곳은 지도 서남쪽에 있는 '윤랑포(允郞浦)'이다. 이곳은 뱃길의 중요한 목이 되는 곳이다. 1896년 초대 지도군수로 부임한 오횡묵은 한양에서부터 배를 타고 지도에 부임했는데, 이 윤랑포를 통해 입도하였다. 이처럼 바닷길을 통해 지도로 들어오는 경우 대부분 이 포구를 이용했다. 윤랑포는 조선시대 조운선이 경유했던 곳이기도 하다. 지도는 남해와 한양으로 가는 길목의 요충지였음은 물론, 내륙과의 왕래도 활발했던 곳이다.

지리적으로 지도는 내륙 지역인 무안과 영광 지역에 인접해 있다. 무안 해제를 거쳐 지도에 오는 경우는 해제와 마주하고 있는 '강산진(糠山津)'을 이용하여 수시 왕래가 가능했다. 이 외에도 북쪽 봉리 참도나루를 이용하면 영광 지역으로 배로 타고 이동이 가능하다. 지도는 남쪽의 신안군 다도해와 영광·무안 등과 바로 연결되는 지리적 장점이 있었고, 뱃길이 한양까지 연결되어 있었다. 이러한 지리적 장점은 1896년 지도군이 설립될 때 지도를 중심으로 새로운 행정구역이 설정되는 데 중요한 배경이 되었을 것이다. 지도는 섬이지만 외부와의 소통이 활발한 지역이었다.

또한, 지도는 유배인이 보내지는 섬 가운데 하나였다. 지도에는 1682년에 지도진(智島鎭)이 설치되었고, 수군만호가 배치되었다. 관할은 해남에 있는 전라우수영이었다. 지도진 설치 이후 지도에도 유배인들이 보내졌다.

유배지로 사용된 섬 가운데 지도는 비교적 사람이 살기 좋은 곳으로 인식되고 있었다. 『인조실록』 1627년 11월 17일 기사에 "지도가 매우 기름진 곳"이라는 표현이 등장한다. 또 『영조실록』 1729년 9월 30일 기사에는 "지도·고금도·진도 등지는 비록 바닷속의 섬이라고는 하지만, 이는 곧 좋은 지역이다"라는 표현도 등장한다. 즉 섬이라고 하더라도 사람의 정주환경이 그리 나쁘지 않은 곳이라는 의미이다. 이처럼 지도는 섬이지만 비교적 사람이 살기에 무난한 "좋은 섬"으로 인식되고 있었다. 때문에, 지도로 유배시키는 대상은 당시 조정의 기준으로 비교적 죄질이 가벼운 사람이었을 것으로 추정된다.

개항기 시국을 비판하는 상소

김평묵은 1881년(고종 18)에 지도로 유배되었다. 사유는 『승정원일기』, 『고종실록』, 『매천야록(梅泉野錄)』 등을 통해 확인할 수 있다. 이민손(李萬遜) 등이 올린 만인소(萬人疏)를 격려하는 편지를 보낸 것, 경기 유생을 위해 상소문을 지었으며, 또 강원 유생 홍재학(洪在鶴) 등이 올리는 상소의 말미에 자신의 견해를 덧붙인 것 등이 이유였다. 『고종실록』 1881년 윤7월 22일 기사에는 "영남(嶺南)의 유생이 소장(疏章)을 올렸을 때에 김평묵(金平默)이라고 하는 사람이 소청(疏廳)에 투서하여 상소한 것이 정당하다고 성대하게 일컬으면서 종이에 가득 장황하게 늘어놓았고 조리 없이 함부로 지껄여대어 심지어는 겨울철의 송백과 같고 큰 강물 가운데의 바위 같다고 칭찬하였는데 말을 가려 하지 않아서 전혀 논리가 없었습니다"라고 기록되어 있다.

또한, 조선 말기의 애국지사인 황현(黃玹, 1855~1910)의 문집 『매천야록』에 김평묵에 대한 기록이 남아 있어 그 정황을 살필 수 있다.

김평묵의 호는 중암(重庵)으로 그는 강개한 기개가 있었고 문장에 능하였다. … 그는 전감역(前監役)으로 가평(加平) 산중에 거주하고 있으면서 문하생들을 받아들여 세상을 꾸짖고 공경(公卿)들을 비난하므로 많은 사람들은 그를 두려워하고 미워하였다. 그리고 그는 홍재학이 상소하기 위하여 서울로 갈 때 눈물을 흘리면서 그를 전송하고, 그 후 또 소청(疏廳)으로 서신을 보내 진동(陳東)과 고등(高登)의 일을 열거하여 그를 격려하였다. 홍재학

을 치죄하고 있을 때 어떤 사람이 그를 모함하여 홍재학
의 상소문을 김평묵이 지었다고 하였다. 그는 결국 신문
을 받고 지도로 유배되었다. … 임오군란이 일어난 후
석방되었으나, 겨우 집에 도착할 무렵 다시 배소(配所)로
유배되었다가 갑신년(1884) 이후에 석방되었다.

이상과 같은 기록을 통해 김평묵은 당시 개항 및 개화와
관련된 시국을 비난하는 상소와 관련하여 유배되었음을 알 수
있다. 그는 1881년 10월 지도에 도착하였다. 당시 나이는 62세
였다. 다음 해인 1882년 대원군이 재집권하자 그해 7월 김평
묵에게 사면령이 내려져 일시적으로 유배에서 풀려났다. 그러
나 9월에 대원군이 청(淸)에 잡혀가게 되면서 사면되었던 사람
들이 다시 본래의 귀양지로 돌려보내졌다. 이때 김평묵도 다
시 지도로 유배되었다. 그리고 1884년 10월 청조 원세개(袁世
凱)가 국내에 들어와 갑신정변이 수습된 후 조정에서 사면령
을 내려 유배에서 풀려났다. 이러한 흐름으로 볼 때 김평묵은
1881~1884년 사이에 약 4년 동안 지도에 머물렀다.

유배지 지도의 유학적 전통
_____ 현 전라남도 신안군 지도읍의 본도인 지도는 섬사람들

의 지적 전통 가운데 유학적 전통이 가장 잘 남아 있는 곳이다. 지도가 그러한 문화적 특성을 지니게 된 배경에는 지도향교(1897년)의 설립과 유배인 김평묵의 영향력이 존재하고 있다. 조선시대에 지도는 서남해의 수많은 섬 가운데서도 대표적인 유배지로 활용된 곳이다. 육지와 가장 근접해 있는 특성상 유배지임에도, 유배인들과 인근 문인들의 교류 활동이 매우 활발했던 지역이다. 지도의 경우는 섬 이름도 독특하다. 대부분의 섬들은 섬의 형세와 관련된 지명들이 많은데, 지도는 특이하게 지혜를 상징하는 '지(智)'가 섬 이름에 붙여졌다.

지도는 육지와 가까워 유배인뿐 아니라 국난을 피해 섬으로 들어와 주민들과 교류한 인물들도 있다. 대표적인 인물로는 조선 중기 나주 출신의 학자 김선(金璇, 1568~1642)을 들 수 있다. '시서거사(市西居士)'라 불린 김선은 출세보다는 학문을 익히고 유학적 소양을 실천하기 위해 노력했던 조선 선비의 전형적인 인물이다. 그는 1637년 병자호란을 피해 지도에 들어왔으며, 이곳에서 윤희복이라는 지역민의 도움을 받아 기거하면서 섬 주민들과 교류하였다. 그가 남긴 문집인 『시서유고(市西遺稿)』 중에는 지도에 기거하던 시절에 지은 글들이 수록되어 있는데, 이를 통해 당시 그가 섬사람들에게 많은 도움을 받았고 교류했음을 알 수 있다.

이러한 특징을 지닌 지도 지역에는 조선 말기 화서 이항로의 학맥이 계승되었는데, 그것은 화서의 학맥을 계승한 김평묵이 이곳에서 유배 생활을 했기 때문이다. 김평묵이 지도에서 4년간 유배 생활을 하는 동안 여러 문도들이 생겨났고, 이후 지도에 향교가 생기면서 그 유교적 기풍은 지도향교를 중심으로 오늘날까지도 면면히 이어져 내려오고 있다.

흔히 섬사람들은 유교적 전통하고는 거리가 있을 것으로 생각하지만, 섬 지역도 역시 조선이라는 유교 국가의 테두리에 있었다. 때문에, 섬마을 고유의 독특한 유교적 정서가 발전해 오고 있었다. 그러한 문화적 배경과 지적 전통의 특징을 잘 보여 주는 사례가 지도 사람들과 김평묵의 관계이다. 김평묵의 유배를 계기로 섬 지역의 지식인들이 결집하고, 이후 일제강점기 동안, 지역사회의 정신적인 맥락으로 자리 잡게 되었다.

유배인 김평묵을 환영한 지도 사람들

김평묵은 배를 타고 윤랑포를 통해 지도에 들어왔다. 윤랑포는 바다 쪽에서 지도로 들어올 때 관문이 되는 중심 포구이다. 1896년 신설된 지도군의 초대 군수였던 오횡묵도 역시 배를 타고 이곳을 통해 부임했다. 윤랑포는 조선시대 조운선이 경유했던 중요한 포구였다. 현재는 그 위치에 조선소가 조성되어 있다. 현 지도향교를 출입하는 원로들의 구전에 의하면 김평묵이 지도에 들어왔을 때 섬마을 지도층 인사들이 모여서 그를 맞이할 준비를 하고 있었다고 한다. 방 안에 사람들이 가득 모여 그에게 예를 갖추고 인사를 올렸다고 전해 온다. 이러한 구전이 사실인지 입증하기는 어렵지만, 김평묵을 대하는 섬사람들의 태도가 어떠했는지를 가늠할 수 있게 한다. 비록 국가적으로는 죄인이라는 명목으로 섬 지역으로 보내졌지만, 그의 성품과 높은 학식은 이미 이곳까지 명성이 높았던 모양이다. 또한, 이 구전은 지도라는 유배지에 그와 소통할 만한 지적 전통을 갖춘 섬마을 인사들이 존재했음을 상징한다.

김평묵의 적거지 지도 백련마을

지도에서 김평묵이 생활했던 구체적인 장소에 대한 문제는 『중암집』에 남아 있는 몇 편의 글을 통해 그 대략을 살필 수 있다. 처음에는 지도진의 동편 민가에 유배 처소가 마련되었다. 집주인은 주견구(朱見九)였다. 유배 초기는 매우 외롭고 무력한 자신을 느끼게 되었던 시기였다. 이후 지도진의 서쪽 백련마을에 집을 마련하였다. 집주인은 정천종(鄭千宗)이었다.

현 지도 주민들에게 전해 오는 구전 내용과 관련 유적을 종합해 보면 지도 감정리 두류산과 백련마을 일대가 김평묵이 유배 시절 적거했던 곳이다. 초대 지도군수였던 오횡묵의 1896년 기록『지도군총쇄록(智島郡叢鎖錄)』]에 따르면 당시 백련동은 18호 정도가 거주하고 있는 작은 마을이었다. 1908년에 발간된『지도군읍지(智島郡邑誌)』에 "두류산은 서로 7리, 백련동은 서로 10리 거리에 있다"라고 기록되어 있다. 『중암집』의 "지도진의 서쪽에 거처가 마련되었다"라는 내용과도 일치한다.

열악한 섬마을의 생활환경

　　　김평묵의 유배지에서의 생활환경은 매우 열악했다. 유배지에서의 어려운 생활상은 처소에 대한 소감을 기록한『지해적사신구기(智海謫舍新構記)』를 통해 살필 수 있다. 김평묵은 좁은 방에서 주인과 함께 생활하였다. 거주의 어려움에 대해 다음과 같이 묘사하고 있다.

　　　"집이 매우 좁아, 두 사람이 함께 기거하니, 무릎을 펼수가 없을 정도."

　　　"집이 서향이라, 여름에 창살을 열어 놓아도 석양이 비추는 바람에 시원함을 느낄 수 없었다."

"벽 사이에서 소를 키워 분뇨 냄새가 진동했고, 모기와 곤충이 피부를 물어뜯었다."

그러나 다행히 두 번째 집주인 정천종은 비교적 인심이 후했다. 한 칸짜리 집을 유배객에게 내어 주고 자신은 이웃집으로 가서 생활하였다. 이후 "벌목하여 목수를 초빙하여 새로이 조그마한 방을 지었고 아울러 귀양객의 방도 만들게 되었다." 새로운 처소가 생기면서 김평묵은 점차 안정을 찾기 시작했다. "갖춘 것이 많지는 않았으나, 만들어진 방은 조금 넓어서 무릎을 펼 수 있었고, 창문이 있어 바람을 쐴 수 있었다. 분뇨와 쓰레기도 멀리할 수 있으며, 모기와 파리도 막을 수 있었다." 김평묵은 정천종이 지어 준 새 집에서 남은 유배 기간 동안 생활한 것으로 보인다. 전체적인 흐름으로 볼 때 정천종 개인의 배려로 유배객을 위해 새 집을 지어 준 것이라고 보기는 어렵다. 지도의 유림들이 힘을 모은 결과로 추정된다. 그는 이렇게 마련된 자신의 처소에서 방벽에 옛 명언 여섯 가지를 적어서 붙여 놓고, 아침저녁으로 그 말씀을 되새겼다.

섬마을에 두류대강당을 열다
　　　　김평묵의 유배 생활과 관련하여 가장 주목되는 것은 '두류대강당'이라는 칭호이다. 섬으로 보내진 유배인 가운데 궁핍한 환경을 이겨 내는 수단으로 서당을 운영했다는 사례가 다수 확인되고 있다. 모든 유배인들에 해당하는 것은 아니지만 학식을 갖추고 지역민의 존경을 받았던 인사들이 취할 수 있는 가장 보편적인 방법이었다. 그런데 김평묵의 경우는 단순한 서당이 아니라 '두류대강당'을 운영했다는 내용이 전해 온다.

구전은 물론 『지도군읍지』에도 '두류강당(頭流講堂)'이 군의 서쪽 5리에 있다'고 기록되어 있다. '두류강당'이라는 명칭은 후대인들에 의해 붙여진 이름이 아니라 당대 사람들에게도 널리 알려져 있었다. 이곳은 지역민들을 가르치는 수준을 넘어 호남의 여러 인사들과 사상과 학문을 교류하던 장소였다. 황현은 김평묵의 유배 시절에 "호남의 많은 학자들이 그를 따랐다"라고 기록하고 있다.

지도가 바다 위 섬이지만 유학적 성향을 지닌 인사들이 많았고, 내륙과 인접한 곳이어서 인근 지식인들과 소통이 용이했던 곳이기 때문에 가능했던 일이었다. 다만 그 장소가 김평묵이 유배 시절 머물던 적거지를 칭하는 것인지, 강당으로 사용된 별도의 장소가 있었는지는 명확하지 않다. 김평묵 자신의 기록(『지해적사신구기』)을 보면 적거지 건물이 '두류강당'이었을 것 가능성이 높다. "친구들이 멀리서 찾아오면, 이곳에 머물렀

김평묵이 머물렀던 지도 두류산 일대(신안군 제공)

다. 학도가 서로 추종하여 이곳에서 강학을 들으니, 기뻐하며 즐기면서 나의 여생을 마치게 되는 것은 집주인의 은혜이다"라고 표현하고 있다.

　백련마을은 위치상 지도진의 서쪽에 해당되어 두 번째 처소에 대한 기록과 일치한다. 김평묵이 유배 시절 거닐었다고 알려진 두류산 바로 아래에 있는 마을이다. 그는 이곳에서 제자들을 육성하고, 자신을 찾아오는 호남의 여러 유림들과 교류하였으므로, 김평묵의 적거지이자 그가 강학을 나누던 장소를 세인들이 '두류강당'이라고 부르게 된 것이다. 한편, 후대에 김평묵을 기념하여 마을에 별도의 강당을 건립했을 가능성도 있다. 신안군 하의도의 경우 재야학자인 김연을 위해 제자들이

'덕봉강당'을 별도로 건립한 사례가 남아 있다. 김평묵의 경우는 별도 강당이 건립되었다는 기록은 남아 있지 않다.

유배지 지도에서의 일상

      섬마을에서의 일상은 주로 제자들을 지도하며, 지역 인사들과 학문을 논하는 것이었다. 김평묵이 남긴 지도 유배 시절의 저술을 살펴보면 그 생활상을 추정해 볼 수 있다. 아쉽게도 김평묵이 지도 유배 시절에 작성한 일기류 기록은 확인되지 않고 있다. 때문에, 문집에 수록된 여러 글의 내용과 구전 내용을 종합하여 가늠해 보아야 한다.

      가장 대표적인 저술은 『해상필어(海上筆語)』이다. 문인 박희완(朴熙元, 완도 출신으로 추정)이 기술한 것으로 책의 내용은 인심도심(人心道心)의 구분, 격치(格致)의 설(說), 공부하는 방법 등에 대한 것이다. 이 글은 1884년 10월에 박호석(朴弘錫)이 격언(格言)을 청함에 후학들의 면학을 위하여 지도에서 썼다고 권말에 적고 있다. 그가 비록 유배인의 몸이었지만, 많은 지식인들이 찾아와 그에게 가르침을 얻고자 했음을 알 수 있다.

      또한, 『중암집』에는 지도 유배 시절에 지은 기문(記文)이 다수 수록되어 있다. 영광에 사는 김정삼(金正三)의 거처에 붙인 「사복재기(思復齋記)」, 장흥에 사는 김(金)에게 써 준 「낙영재기(樂英齋記)」와 「고슬대기(鼓瑟臺記)」, 유배에서 풀려나 귀향하는 도중에 들른 종신(宗人) 김덕명(金德明)의 거처인 구연당(龜淵堂), 호남 사인들과 송별하던 부춘정(富春亭) 등과 관련된 글들이 있다. 섬 지역뿐만 아니라 호남의 여러 인사들과 교류했음을 보여 주는 기록이다.

　　호남의 유림들은 지도에 있는 김평묵에게 끊임없이 가르침을 청하였다. 1884년 해배되어 고향으로 돌아가는 도중에 김평묵은 영암의 김한섭(金漢燮), 무안의 박재린(朴在麟), 장흥의 김흥선(金興善) 등을 방문하고 강학(講學)하였다. 장흥 용강재(龍岡齋)에서 김평묵에게 강습받았던 문인들은 「강수계첩(講修契帖)」을 남기기도 했다.

　　지도 유배 시절, 김평묵의 생활환경은 매우 열악했지만, 그는 학문에 대한 끊임없이 정진하는 자세를 취하였다. 해배될 날만 손꼽아 기다린 것이 아니라 지역의 문도(門徒)들을 지도하고, 호남의 지식인들과 교류하면서 힘든 섬 유배 생활을 견뎌 냈다.

지도에 전파된 김평묵의 학풍

　　김평묵의 지도 유배 생활은 유배인이 섬사람들에게 미친 '영향'과 상호 '소통'의 문제를 구체적으로 살필 수 있는 사례가 된다. '영향'은 그 사상적 전파와 계승에 해당하며, '소통'은 섬사람들의 지적 전통과 상호관계에 대한 재조명의 문제이다. 흔히 유배인이 섬 주민들에게 많은 영향을 주었을 것으로 생각되지만 그 구체적인 흔적을 찾는 것은 어려운 일이다. 그러나 김평묵의 경우는 지금도 그를 숭상하고 계승하는 학풍이 지도에 이어지고 있다.

김평묵은 유배 시절 제자들을 육성하여 화서의 학맥을 섬마을에 전파하였다. 그리고 지도에서는 김평묵 사후에도 그의 학풍이 계승되었다. 1901년 지도에 유배 온 김윤식은 용산동(龍山洞) 서당의 훈장인 김용배(金容培)를 평하기를 "중암 김평묵의 풍(風)이 있다고 알려져 있고 자못 그의 학문을 숭모하였다"라고 기록하였다. 김평묵의 '풍'이 있다는 것은 지도 사람들에게 그의 학문과 사상을 숭상하고 계승하는 풍토가 존재했음을 상징하는 것이다.

또한, 같은 글에 김용배의 서재에 "학동 20여 인이 다니고 있는데 모두 백련동 나씨의 자제이다"라고 기록되어 있다. 백련동 나씨의 자제들 20여 명이 서당을 다녔다는 것은 백련마을 출신으로 김평묵의 제자였던 나유영이 학문에 대한 탐구정신을 후대에게 설파한 영향이었을 것이다. 1901년은 김평묵이 해배되어 지도를 떠난 지 17년이 지난 시점이고, 김평묵 사후

김평묵을 기리기 위해 두류산 정상부에 조성된 바위 글씨

10년 무렵이다. 나유영은 중암의 제자 가운데 훗날 스승을 선양하는 일에 가장 앞장선 인물이었다. 그는 1891년 중암이 세상을 떠나자 다시 면암 최익현을 찾아가 수업을 받았다. 그 과정에서 면암은 지도 유배 시절 김평묵의 숭고한 정신이 흔적이 사라지는 것을 염려하여, '重菴遺躅(중암유탁)' 네 글자를 나유영에게 명하여 두류산의 석면에 새기게 하였다. 글씨를 새긴 시기는 1893년 가을으로 이 암각은 지금도 현존하고 있다.

'중암유탁' 암각은 두류산 정상부에 조성되었다. 글자가 새겨진 석면이 비를 피할 수 있는 형태여서, 지금도 글씨가 매우 선명하게 남아 있다. 하단 오른쪽에 '癸巳秋 羅有英 刻(계사 추 나유영 각)', 그 좌측에 '崔益鉉 楡基一 書(최익현 유기일 서)'라고

새겨져 있다. '중암유탁'은 김평묵의 향취가 남아 있는 곳이라
는 의미이다. '중암유탁'이 새겨진 바위의 좌측면에는 '周幾張
預 程一朱直(주기장예 정일주직)' 8자가 4자씩 두 줄로 새겨져 있
다. 이 글은 유학의 적통을 상징하는 글자로 최익현과 김평묵
의 스승인 화서 이항로가 항상 가슴에 새기고 있었던 문구였
다. 이 글 역시 김평묵의 제자였던 나유영이 같은 시기에 최익
현의 지도를 받아 제자들이 그 의미를 명심하기를 바라는 뜻으
로 조성한 것이다.

　　이와 동시에 최익현의 글씨도 두류산 중턱의 바위에 암
각되었다. '大明日月 小華江山(대명일월 소화강산)' 8글자를 새겨,
이 땅의 역사가 유구하며 명나라의 중화사상을 계승한 민족이
라는 점을 강조하였다. 이와 비슷한 맥락의 암각이 최익현이
유배 생활을 했던 흑산도에도 남아 있어 흥미롭다.

　　그는 1876년부터 1879년까지 흑산도에서 유배 생활을
했는데, 1878년 4월 흑산도 천촌마을 초입에 자리한 한 바위에
"箕封江山 洪武日月(기봉강산 홍무일월)"이라는 암각을 조성했다.
뜻은 "이 나라의 금수강산은 고조선 시절부터 있어 왔고, 이 나
라의 해와 달은 조선 500년의 역사를 가지고 있다"라는 의미로
지도 두류산에 새긴 글씨와 같은 의미이다. 김평묵을 매개로
하여 최익현의 사상과 그를 상징하는 글씨가 지도 두류산에 새

최익현의 '대명일월 소화강산' 바위 글씨

겨지게 된 것이다.

섬마을 지적 전통의 기반

     지도에 중암의 학풍이 형성되고 지속될 수 있었던 배경에는 섬마을 고유의 지적 전통이 존재했기 때문이다. 유배 시절 중암의 제자가 된 사람들 외에도 그의 사상을 숭상하여 교류한 지역 인사들의 면모도 확인된다. 고제승(高濟升)과 안재희(安栽希)의 경우가 대표적이다. 『전라남도지(全羅南道誌)』 지도군 인물 편에 이들이 김평묵과 종유(從遊)한 인물로 소개되어 있다. 이러한 점은 섬마을에도 김평묵과 학문적 교감을 나눌 수 있는 인물이 존재했음을 의미한다. 육지에서 온 유학자가 섬사람들과 소통할 수 있는 사회적 기반이 있었다는 뜻이다.

이는 섬 문화에 대한 선입견에서 탈피해야 이해할 수 있는 부분이다. 섬사람들이 지닌 유교적 정서는 특정 유배인의 영향이라기보다는 섬이 지닌 소통적 측면에서 나타난 독특한 지적 전통의 한 흐름이다. 김평묵과 지도 사람들의 관계도 그러한 맥락에서 이해될 필요가 있다. 그를 매개체로 결집함과 동시에 그의 학문과 사상을 숭상하고 교류할 수 있는 인적(人的)·지적(知的) 토대가 지도에 형성되어 있었다.

두류단을 통한 정신 계승

_____김평묵과 섬사람들의 관계를 가장 상징적으로 보여 주는 유적은 현 신안군 지도읍 백련동 두류산에 조성된 '두류단(頭流壇)'이다. '두류단'은 유배지에서 김평묵에게 배운 문도들과 호남 유림들이 김평묵을 추모하는 제사를 위해 조성한 것이다. 오선비가 세워진 제단이 있고, 그 내력을 기록한 '두류산비(頭流山碑)'와 '두류사현단비(頭流四賢壇碑)'가 세워져 있다.

'두류단'과 관련된 내력은 지도향교에 소장되어 있는 『두류단실기(頭流壇實記)』를 통해 살펴볼 수 있다. 이 책은 두류단 조성과 제를 지내는 과정에 참여한 사람들의 명단을 비롯하여 여러 가지 사실들을 기록해 놓은 책이다. 김평묵을 추모하

기 위해 문도들과 호남의 유림이 지은 여러 시문도 함께 수록
되어 있다. 기록된 연대를 보면 1904년부터 1925년 사이에 작
성된 것들이다.

　　지도의 유림들 사이에서 두류단을 조성하자는 논의는
1901년에 처음 시작되었다. 지도 사람들은 화서의 학맥이 중
암을 통해 섬마을에 전파된 것에 큰 자부심을 느끼고 있었고,
이에 선현들을 제향할 수 있는 장소가 필요함에 뜻을 모았다.
그 결과 화서 이항로를 주벽으로 노사 기정진, 중암 김평묵을
연령순으로 함께 모시고, 그 정신을 추모하는 제사를 지냈다.
"노사(蘆沙)는 비록 같이 병향(幷享)할 인물은 아니나 종장(宗匠)
의 의리(義理)가 서로 합치"되었으므로, 선비들의 논의에 따라

지도 두류단 오선비와 유래비 전경

두류단에 모셨다고 전해 온다. 제단이 만들어진 두류산은 김평묵이 제자들과 거닐며, 다도해의 풍광을 조망하던 장소였다.

두류단 향사와 관련된 내용은 당시 지도에 유배 와 있던 김윤식의 1902년 7월 3일 일기에 "두류산 아래 골짜기에 있는데 여러 유생이 돈을 모아 산정에 춘추향사를 모신다. 대개 중암이 일찍이 노닐던 산이다. 그래서 그리워하는 마음으로 유허에 향사를 모신 것이다"라고 기록되어 있다. 김윤식의 적거지는 지도 내양리 둔곡마을로 두류단과는 꽤 떨어져 있었다. 그만큼 두류단의 향사가 널리 알려져 있었다는 증거다.

두류단 설치와 유지에 담긴 의미

유배인과의 관계는 언제나 일방적 영향이라기보다는 상호관계라는 측면에서 이해하는 것이 필요하다. 섬 주민들이 두류단을 세워 김평묵을 기리는 것은 그를 존경하는 마음이 깔린 것이지만 한편으로 섬 주민들의 정체성을 만들어 나가는 데 필요한 수단이기도 했다.

주목되는 점은 김평묵의 향사는 처음 시작되었던 시기보다 후대에 가서 더 그 관심도가 더 높아졌다는 것이다. 향사를 시작한 이후 몇 년이 지나자, 참여하는 사람들의 수가 줄어들었다. 몇 년 동안은 겨우 명맥만 이어져 오는 상황이 되었다.

해가 갈수록 향사에 참여하는 사람들의 수가 줄어들자 제단을 헐어 버리자는 말까지 나오게 되었다. 이러한 상황이 호남의 유림들에게 알려지면서 제단에 입비(立碑)를 하자는 논의가 이루어졌다. 초창기 두류단은 비가 없이 단에서 제를 지내는 형태였다가, 1916년에 이르러 두류단에 삼선생(三先生: 이항로, 기정진, 김평묵) 비가 세워졌다.

이후 1917년 유림들 사이에 최익현을 추배(追配)하자는 논의가 일어났다. 비록 면암이 직접 가르친 장소는 아니나 중암과 동문이자 존경하는 벗이고, 도의가 화합하므로 면암을 모시는 것이 타당하다는 의론이 모아졌다. 돌을 채취하여 마을에 옮겨 놓았으나 실행에 옮겨지지 못하다가 1923년에 실제 비를 세웠다. 이로써 사선생(四先生)을 함께 배향하게 되었고, 이때부터 사현단(四賢壇)이라 칭하게 되었다.

사현단의 형태가 갖추어지면서 김평묵의 향사는 비로소 안정적인 토대가 마련되었다. 이와 관련하여 가장 주목되는 자료는 『두류단청금안제원(頭流壇靑襟案諸員)』이다. 관련 유림 185명의 명단이 간략한 인적 사항과 함께 기재되어 있다. 이 명단은 지도를 비롯한 인근 지역 당대 인사들의 면모를 종합적으로 살펴볼 수 있는 중요한 자료가 된다.

초기에는 향사에 기금을 내고 참여하는 자가 적었는데,

사현단이 완성된 이후로는 그 참여자의 수가 대폭 늘어나게 되었다. 그 가운데 호남권 인사가 52명 포함되어 있고, 나머지는 지도와 인근 섬 지역의 사람들이다. 거주지가 확인되는 지도 사람들의 수만 80명에 이른다. 이것은 유배인의 영향이 당대에 그치는 것이 아니라 사후에도 지속되었음을 보여 줌과 동시에 유배인에 대한 선양이 지역민들의 사회 활동과도 관련이 있었음을 의미한다. 처음 김평묵에게 배웠던 사람들이 성장하여 지역사회의 여론을 움직이는 중심층이 되었고, 또 그들의 지역적 기반에 김평묵의 문도라는 점 혹은 그의 향사에 참여하는 것 등이 도움이 되었음을 의미한다. 김평묵에 대한 선양이 지역사회의 구심점이 되었고, 호남의 유림과 결집체를 형성하는 데 기여하고 있었던 것이다.

두류단 향사는 지금도 춘추로 지속되고 있다. 100년이 넘도록 지속될 수 있었던 중요한 기반은 크게 두 가지이다. 첫째는 지도향교다. 1896년 지도군이 설립된 이후 일군일교 원칙에 따라 지도에도 향교가 건립되었다. 이후 지도향교는 김평묵에게 배운 사람들이 중심이 되었고, 자연스럽게 지도향교에 출입하는 사람들은 두류단 향사를 자신들의 중요한 의무로 인식하였다. 지도향교는 역사가 짧아서 타 지역의 향교에 비해 그 뿌리가 취약했다. 그러한 약점을 보완해 주는 존재가 김평묵이었다. 김평묵의 유배는 그를 계기로 화서의 학맥이 섬마을에 전파되었고, 지도향교에서 그 정신을 이어가고 있다는 자부심으로 연결되었다.

두 번째 기반은 지도의 나씨(羅氏) 문중이다. 제자들 가운데 가장 두드러진 행적이 남아 있는 인물인 나유영(羅有英)의 영향 때문이다. 광복 이후인 1948년에 나유영이 두류단에 추가로 모셔져서 오선비(五善碑) 형태가 갖추어졌다. 이후 두류단 향사에 들어가는 기금 마련 등에 나씨 문중이 보다 적극적으로 참여하게 되었다.

두류단 조성과 향사 과정에서 나타나는 특징은 김평묵의 일방적인 영향만 있는 것이 아니라 지도 사람들과 외부의 소통에 있어 김평묵의 존재가 적극적으로 활용되었다는 점이다. 김평묵을 숭상하고 그의 학풍을 계승할 사회적 기반이 존재했다는 점과 지역사회의 정체성 형성, 외부와의 연결 등에서 김평묵은 중요한 매개체가 되었다.

김평묵과의 인연을 바탕으로 최익현과도 문도의 인연을 확대해 나간 사람들이 많았고, 호남의 이름 있는 유림들과 인맥을 형성할 수 있는 연결고리가 되기도 하였다. 예를 들면, 백련마을 나유영은 김평묵의 제자가 된 것을 계기로 김평묵 사후 최익현의 문도가 되었으며, 호남의 대표적인 유림인 기우만

과도 밀접한 인맥을 형성할 수 있었다. 이러한 인연은 김평묵과 최익현이 세상을 떠난 후에도 지속적으로 유지되었다. 즉, 섬사람들에게 유배인과의 인연은 외부와의 소통의 매개체였고, 섬마을의 지식인들은 학맥 형성과 지적 전통에 대한 자부심으로 이를 적극 활용했다.

6장

김윤식,
근대기 섬의 일상을 기록하다

김윤식은 외딴 섬에 살면서도 주변의 소식과 사회상의 변화에 많은 관심을 기울였다. 때문에 김윤식의 일기는 단순히 개인의 기록에 그치는 것이 아니라, '근대기 섬의 일상과 20세기 초격동의 한국사'가 고스란히 담겨 있다. 『속음청사』는 국내외 정세와 당시 인식에 대한 생생한 증언과도 같은 역할을 한다.

구한말의 정치사상가 김윤식

김윤식(金允植, 1835~1922)의 본관은 청풍(淸風)이며, 자는 순경(洵卿), 호는 운양(雲養)이다. 경기도 광주에서 출생하였다. 아버지는 증이조판서·좌찬성 김익태(金益泰)이며, 어머니는 전주(全州) 이씨(李氏)이다. 그는 구한말의 대표적인 정치사상가이자 온건개혁파의 상징적인 존재이다. 1874년(고종 11) 40세의 나이에 문과에 급제하여 85세에 세상을 떠나기까지 많은 관직을 두루 거쳤다. 1884년 갑신정변이 일어나자 청나라 원세개의 도움을 받아 김옥균(金玉均) 일파를 제거하고 병조판서가 되었으나 1887년 명성황후의 친러정책에 반대하여 민영익(閔泳翊)

과 함께 대원군의 집권을 모의하다가 면천(沔川)에 유배되었다. 1894년 청일전쟁이 일어나고, 갑오개혁이 시작된 이듬해 명성황후가 시해된 뒤 김홍집(金弘集) 내각이 들어서자 외무대신이 되었다. 1896년에는 아관파천(俄館播遷)이 발생하여 김홍집이 죽고 친러파 내각이 들어선 후, 명성황후 시해의 음모를 미리 알고도 방관했다는 탄핵을 받고 1897년 12월 20일 제주도에 종신 유배되었다. 1901년 다시 현 신안군 지도(智島)로 이배되었고, 유배 생활 10년 만인 1907년에 풀려났다.

이후 중추원 의장으로 발탁되고, 한일병합 조인에 가담하여 일본으로부터 자작(子爵) 작위를 받았다. 작위를 받은 것이 자의적이었는지 어쩔 수 없는 상황이었는지에 대해서는 논란이 남아 있다. 1916년 경학원(經學院)의 대제학이 되었으며, 홍사단(興士團)·대동학회(大東學會)·기호학회(畿湖學會)를 조직하고, 대종교(大倧敎) 창시자 나철(羅喆)을 원조하기도 하였다. 3·1운동 시기에는 이용직(李容稙)과 함께 한국 독립의 청원서를 제출하여 작위를 삭탈당하였다. 이 일로 2개월간 투옥되었다가 집행유예를 선고받고 석방되었다. 1922년 1월 88세를 일기로 사망하였다.

김윤식의 지도 유배 배경

　　김윤식은 1897년 12월 20일 종신 유배 명령을 받아 제주도로 보내졌다. 일본 낭인들에게 의해 명성왕후가 시해된 을미사변(1895)이 발생한 후, 이 사건을 미리 알고도 방관했다는 이유 때문이었다. 1898년 1월 11일에 도착하여 이후 지도로 옮겨지는 1901년 7월 9일까지 제주도에서 유배 생활을 하였다. 유배지가 제주도에서 지도로 옮겨진 것은 1901년 제주도에서 발생한 제주교안(濟州教案) 사건의 여파였다.

　　제주교안은 흔히 "이재수의 난"으로 불리는 사건이다. 1901년에 제주도에서 토착신앙이 강한 제주민들 사이에서 외래종교인 천주교에 대한 강한 반감과 제주도 경제권을 둘러싼 토호세력과 중앙에서 파송한 관리와의 갈등 등이 원인이 되어 발생하였다. 제주도가 매우 어수선한 분위기였기 때문에 그곳 유배인들을 관리 차원에서 다른 섬 지역으로 분산시켜 옮기게 되었다.

　　이 사건으로 인해서 "제주목에 있는 종신(終身) 유배 죄인 김윤식은 지도군(智島郡) 지도로, 종신 유배 죄인 정병조(鄭丙朝)는 위도(蝟島)로, 10년 유배 죄인 김사찬(金思燦)은 임자도(荏子島)로, 종신 유배 죄인 서주보(徐周輔)는 돌산군(突山郡) 여도(呂島) 등으로 이배(移配)"되었다. 지도로 옮겨 온 이후로도 김윤식은 당시 제주도에 같이 유배되었던 인물들과 지속적으로 교류하였다.

유배지 지도의 특징

　　　현재 전라남도 신안군 지도읍의 본섬인 지도(智島)는 내륙인 무안반도 서쪽에 있는 섬이다. 지리적인 면에서 육지와 근접해 있고, 해로가 발달하여 외부와의 왕래가 편리한 지역이었다. 남쪽의 다도해와 내륙인 영광·무안 등과 바로 연결되는 장점이 있고, 뱃길이 한양까지 연결되어 있었다. 이러한 장점을 활용하기 위해 1682년에 지도진(智島鎭)이 설치되었다.

　　　지도진이 설치된 이후 유배인들이 보내지기 시작했다. 관찬 기록에서 확인이 되는 지도 유배인의 숫자는 약 76명이다. 실제로는 이보다 더 많을 것이다. 지도 유배인의 추이에서 나타나는 특징은 시기적으로 1896년 지도군이 설치된 이후 근대기에 유배인의 숫자가 급증했다는 점이다. 총 43명의 유배인이 이 시기에 보내졌다. 지도군 설립 후 군청 소재지가 되었기 때문에 유배인 관리 측면에서 장점이 있었던 것으로 보인다.

　　　지도는 섬사람들의 지적 전통 가운데 유학적 전통이 가장 잘 남아 있는 곳이다. 지도가 그러한 문화적 특성을 지니게 된 배경에는 지도향교의 설립(1897)과 유배인 김평묵(金平黙)의

김윤식의 유배지 지도의 현재 모습(신안군 제공)

영향력이 존재하고 있다. 김윤식이 유배되기 20년 전에 위정
척사를 주창했던 김평묵이 먼저 유배 와서 그 학풍이 이미 섬
마을에 형성되어 있었던 것이다. 또한, 19세기에서 20세기로
넘어가는 시점이며, 1896년에 섬으로 이루어진 독립된 행정구
역인 지도군이 설립되고, 1897년에는 목포(木浦)가 개항되어 주
변의 섬과 항구가 뱃길로 연결되어 섬 생활권의 변화가 일어나
는 상황이었다.

김윤식의 유배 일기 『속음청사』

　　　김윤식의 저술인 『속음청사(續陰晴史)』는 이전에 지은 『음
청사(陰晴史)』와 이어지는 일기로 하루하루 일과를 날씨의 흐림

『속음청사』

[음(陰)]과 맑음[청(晴)]에 비유해서 제목을 단 것이다. 김윤식은 자신의 삶에 대한 기록이라는 상징적인 의미로 '음청(陰晴)'이라는 단어를 사용한 것 같다. 『속음청사』는 1991년 국사편찬위원회에서 김윤식의 증손이 소장하고 있던 친필 원본을 바탕으로 하여 상하 2권을 영인본으로 발간한 바 있다.

　1887년(고종 24) 5월 29일부터 1921년 12월 31일까지 35년간의 일기이며, 총 18권 2책으로 되어 있다. 그중 10권 일부와 11권·12권 부분이 지도 유배 생활과 관계된 것이다. 지도에 도착하고, 떠난 시기만을 구분하면 1901년 7월 15일부터 1907년 7월 5일까지에 해당한다. 김윤식은 햇수로 7년, 만 6년 동안 현 신안군 지도읍에서 생활하였다. 이 시기의 기록만 따로 발췌하여 필자를 중심으로 한 연구진이 국역한 내용이 신안문화원 향토사료지(『김윤식의 지도 유배일기』, 2010)로 발간된 바 있다.

　김윤식의 일기는 도서해양문화 연구를 위한 사료로서

높은 가치를 지니고 있다. 섬 주민들과의 교류와 유배 시절 견문한 내용이 풍부하여 서남해 도서의 사회상을 연구하는 데 원천적인 자료가 된다. 『속음청사』 외에도 지도 유배 시절에 작성한 기록으로 「동둔고(東芚稿)」가 남아 있다. 김윤식의 문집 『운양집(雲養集)』 권6에 수록되어 있는 「동둔고」는 1901년 7월부터 1907년 6월 사이에 지은 것이다. 지도 도착 당시의 감회, 마을 풍속, 섬 사회상에 대한 글이 담겨 있어 『속음청사』와 비교 검토할 수 있는 자료가 된다.

지도에서의 김윤식 적거 장소

김윤식은 제주에서 이배되어 1901년 7월 15일(음력 5월 30일) 지도에 도착하였다. 완도 소안도, 해남 어란, 진도 벽파정을 거쳐서 지도로 들어왔다. 당시 67세의 고령이었다. 적거지는 둔곡촌(芚谷村)으로 현 신안군 지도읍 내양리에 해당한다. 내양리는 지도읍사무소에서 북동쪽으로 약 5.5㎞ 떨어져 있는 지역이며, 내양·둔곡·송황·적동·가정 등 자연마을로 이루어져 있다. 마을의 동쪽은 내륙인 무안 해제와 이웃해 있다. 김윤식은 지도읍내에서는 집을 구하기 어려워 읍에서 동쪽으로 조금 떨어진 둔곡에 거처를 마련하게 되었다.

지도는 섬이지만 둔곡마을은 농업이 중심이 된 마을이

었다. 당시 농가 50호가 있던 한적한 마을이었으며, 이 마을 끝에 김윤식의 처소가 있었다. 집은 안쪽 3칸, 바깥쪽 4칸 규모의 작고 누추한 흙집이었다. 읍에서 벗어난 위치였지만, 내륙인 무안 해제 지역과 왕래가 용이하다는 장점이 있었다. '강산진(糠山津)'이 접해 있어 바닷물 때에 맞춰 쉽게 왕래가 가능한 곳이었다. 이곳은 육로로 상경(上京)할 때 건너는 나루였다.

둔곡마을 일대는 내륙에서 입도할 때 지도의 관문에 해당하는 지역이었다. 김윤식은 해배될 때까지 둔곡에서 생활했다. 다만 거처는 한 차례 옮겼는데, 처음에 빌린 집이 불편한 점이 많았기 때문이다. 읍내에 집을 구하려고 했으나, 집을 팔려고 하는 사람이 없었고 값도 높았다. 결국, 둔곡마을 동장(洞長) 김장봉(金璋奉)의 장자인 김승욱(金承旭)이 거처하는 가옥을 새 집으로 정하고, 집을 수리하여 사용하였다.

일반적으로 유배인은 배소에 당도하면 관청에서 보수주인(保守主人)을 지정하는 것이 일반적인 관례였다. 그러나 김윤식의 경우는 스스로 처소를 마련했던 것으로 보인다. 그의 일기에 "민가를 빌렸다"라고 표현하고 있다. 마을의 장정을 고용하여 집을 청소하고 수리하였으며, 후원에 물 길으러 다니는 길을 열기도 하였다. 둔곡마을 동장인 김장봉에게 많은 도움을 받았는데, 조반(朝飯) 역시 이 사람 집에 맡겼다.

지도 유배 시절 함께 산 사람들

　　　　김윤식은 지도 유배 시절에 여러 식솔들과 함께 거주하였다. 1904년 음력 1월 1일 일기와 1905년 음력 1월 1일 일기에 함께 살고 있는 사람과 친하게 어울리는 인사들에 대한 내용을 기록해 두었다. 제주도 유배 시절 얻은 첩인 의실(義室)과 두 아들이 함께 살았다. 제주에서 의실과의 사이에서 영구(瀛駒)를 낳았고, 지도로 옮겨 와 함께 살면서 철룡(鐵龍)을 낳았다. 의실의 어머니(광주 노씨)도 함께 살았으며, 집안일을 돕는 여자 지순(智順)·순덕(順德)과 남자 임학준(任學俊)을 별도로 고용해서 부리고 있었다. 김윤식은 유배인 신분이지만 수발을 돕는 사람들을 곁에 두고 살았을 정도로 생활하는 데 큰 제약이 따르지는 않았다. 기존의 다른 유배인 사례와는 대조되는 양상이다. 그만큼 지도라는 곳이 다른 지역 유배지보다는 생활환경이 좋았다는 점과 김윤식이 비록 유배인이기는 하지만 경제적 능력이 있었음을 의미한다.

　　　　함께 유배 온 여러 사람들 중 하나인 김사찬(金思燦)과 같은 마을에 살았다. 김윤식의 문인으로 광양 감역(監役)을 지낸 황병욱(黃炳郁)도 유배인은 아니었지만, 지도에서 김윤식과 함께 생활하였다. 또, 읍내에 사는 유배인 정병조·이조현·정백남·강성형·민용훈 등과 왕래하며 친밀하게 지내었다.

지도군의 관리들과의 관계

　　　　지도군의 관리들은 김윤식에게 매우 우호적이었다. 유배 생활 중 지도군수는 여러 차례 바뀌었는데, 김영년(金永年), 이칭익(李稱翼), 송상희(宋祥熙), 홍세영(洪世永), 채수강(蔡洙康) 등 5명의 지도군수와 교류하였다. 김윤식을 만나기 위해 지도군수가 둔곡마을로 찾아오는 경우가 빈번했다. 군수가 외부에 출타 후 돌아오는 길에 김윤식에게 보내진 편지를 받아 와서 전달해 주기도 하였다. 심지어 유배인 김윤식에게 지도군수의 가마를 제공하는 경우도 있었다. 명절에는 어김없이 조기·어란·소고기 등을 보내왔고, 특별한 날이 아닌 경우에도 지도군수나 관원들이 음식을 보내 주기도 하였다. 김윤식이 중앙정치에서 활발하게 활동하던 인물이었기 때문에 그 예우가 남달랐던 것 같다.

지도 유배지에서의 주요 일상

　　　　유배지에서 김윤식의 주요 일상은 글쓰기였다. 그는 섬 주민들과의 교류와 유배 시절 자신이 견문한 내용을 매일매일 자신의 일기에 상세하게 수록하였다. 개인적인 내용뿐만 아니라 국내외 정치적 상황변화도 주시하였고, 주요 시국사건에 대한 발단과 경과 등을 기록으로 남기며 자신의 견해도 곁들였다. 『속음청사』에는 20세기 초 격동의 한국사가 고스란히 담겨 있다. 당대 사회의 변화를 자신의 기록에 남겨 놓는다는 목적이 있었던 것 같다. 일기 외에 틈틈이 시문도 작성하였다. 이 시기 작성된 글은 「둔둔고」라는 이름으로 묶여 전해 오고 있다.

글 쓰는 시간 외에는 동료 유배인들과 자주 어울렸다. 종종 읍내로 출타하기도 하고, 수도·임자도 등 인근의 섬을 다녀오기도 하였다. 1905년 6월 11일에는 임자도에 적거하는 이종림을 만나기 위해 방문한 기록이 남아 있다. 임자도는 지도군 관할이기는 하지만 별도의 유배지였는데 당시에는 특별한 제재를 당하지는 않았던 것 같다.

반면, 유배 기간 동안 유람과 관련된 특별한 기록은 발견되지 않는다. 대개 가까운 지역의 산을 오르는 수준이었다. 지도 두류산(頭流山)을 지도군수와 함께 오르기도 하였고, 적거지인 둔곡마을에 있는 철마산(鐵馬山)을 자주 찾았다. 유독 철마산을 자주 찾은 이유는 천문동 등 약초를 캐기 위함이었다. 김윤식은 유배 시절 잦은 병치레를 하였는데, 한방 처치를 위해 야산에서 자라고 있는 약초가 필요했다.

유배 생활에 가장 큰 힘이 된 사람들은 같은 처지인 유배적객들이었다. 그들은 서로 협력하고 의지하며 생활했다. 유배객들이 돈을 모아 소를 사기도 하였다. "여러 적객이 돈

5,500문을 모아서 한 마리의 작은 소를 사서 잡아 고기를 나누어 가지고 왔다"라는 기록이 남아 있다. 또한, 김윤식의 생일이 되면 모여서 축하하고 위로해 주는 자리를 만들었다. 함께 식사도 하고, 창부(唱夫)를 초청해 공연을 즐기기도 하였다.

생일날 사람들이 모이는 것은 유배 기간 동안 매번 반복되는 모습이었다. 지도뿐만 아니라 임자도나 목포에서도 사람들이 찾아왔다. 섬이지만 지도가 비교적 풍요로운 곳이었고, 외부와의 왕래가 용이했음을 보여 주는 증거이다. 끼니 걱정으로 하루하루 고된 삶을 살아야 했던 타 지역(먼바다의 섬) 그리고 이전 시기 유배인들의 모습과는 매우 대조적이고 독특한 사례이다.

매천 황현과의 만남

외지에서 김윤식을 만나기 위해 찾아오는 사람들과 함께 주변을 유람하고 유유자적하는 모습도 남아 있다. 특이한 것은 구한말 애국지사로 알려진 매천(梅泉) 황현(黃玹)이 찾아오자 그와 주변을 유람하고 교류한 것이다.

황현은 지도에 유배 와 있던 정병조를 만나러 왔다가 김윤식에게 들렀다. 1902년 10월 7일에 황현이 방문해 와 만났고, 8일에는 함께 유람을 다녔다. 9일에는 황현이 김윤식의 적거지에서 유숙하여 밤이 깊도록 많은 대화를 나누었다. 10일에는 마을 뒷산에 올라 함께 시를 지었고, 11일 매천이 떠나자 강산진(糠山津)까지 함께 나가서 환송했다. 김윤식은 "이 사람은 글을 잘 쓰기로 나라 안에 잘 알려져 있다. 특히 시(詩)에 뛰어나다"라고 기록하고 있으며, 유배지에서 교류한 후 "말하는 것이 매우 풍아하다고 느꼈으며, 진정한 호남의 명사"라고 평가하였다.

지도 섬 주민들과의 교류

섬 주민들과의 관계도 매우 좋았다. 그는 수시로 인근을 돌아다니며 마을을 구경하고 해당 마을의 지역인사들과 교류하였다. 특히 적동(笛洞) 마을의 유림인 휴헌(休軒) 김선기(金璿基)에 대한 언급이 자주 등장한다. 김선기는 지도에 열락재(悅樂齋)를 설립하여 후학 지도에 힘쓴 지역의 유림이다. 열락재는 조선 말기에서 일제강점기까지 유지된 지도의 대표적인 서당이었다.

1905년 당시 김선기의 나이는 85세였다. 김윤식은 자신보다 나이가 많았던 김선기에 대한 존경의 마음을 지녔다. 김선기가 둔곡마을로 찾아오는 경우도 있었고, 김윤식이 적동마을을 지나가게 되는 경우는 꼭 김선기의 집을 방문했다. 김윤식이 지도 둔곡마을에 자리를 잡자 많은 사람들의 왕래가 이어 졌다. 지역의 인사들이 인사차 방문하는 경우도 많았고, 명절 이 되면 동네 사람들이 세배를 오기도 하였다.

김윤식은 1907년 6월 26일 서울에서 보내온 전보를 통 해 자신의 해배 소식을 접했다. 1907년 7월 5일 지도를 떠나는 배를 탔다. 여러 사람들이 뱃머리까지 따라와 고별의 정을 나 눴다. "사람들이 다 같이 만세를 부르고 송별했다"라고 기록되 어 있다. 섬사람들이 마치 자신의 일인 것처럼 기뻐하였던 것 이다.

섬 주민들과의 관계적 특징

_____김윤식은 지도 섬사람들과 별 거리낌 없이 친밀하게 지 냈다. 그러나 교류를 통해 알고 지내는 지역민들은 많았지만, 사제관계를 맺거나 교우관계를 형성한 사람은 거의 없었다는 점이 특징이다. 해배될 때 소감을 기록한 일기에 "얼굴을 아는 사람은 많으나 교우는 따로따로이다"라고 표현하고 있다. 직 전에 유배 생활을 했던 김평묵이 지도에 와서 많은 제자를 양 성하고, 지역의 유림들과 교우관계를 형성했던 것과는 대비되 는 모습이다.

지도 유배 시절 김윤식 자신이 이미 고령의 나이였기 때문에 직접 서당을 운영하기 어려웠고, 인근에 유사한 이유로 적거된 유배인들이 많았기 때문에 그들 중심으로 교우관계가 형성되었던 것이 하나의 원인일 수 있다. 그러나 보다 근본적인 이유는 지도 유림들과 사상적인 차이가 있었기 때문이라고 판단된다.

지도는 1881년 김평묵이 유배 생활을 한 것이 계기가 되어 화서 이항로의 학맥이 전파된 지역이다. 개화(開化)를 주장한 김윤식의 사상은 위정척사의 상징인 이항로의 학맥과는 대치되는 측면이 있다. 실제로 김평묵을 매개체로 지도 유림들과 친밀한 관계를 형성했던 최익현은 김윤식 등을 "적신(賊臣)"이라 칭하며, 그들이 주장하는 개화를 강력하게 비판하는 입장이었다. 때문에 지도 유림들과 사상적 입장에서 직접적으로 교우관계를 맺기는 어려웠던 것 같다.

이러한 양상은 섬사람들과 유배인의 관계가 일방적인 것이 아니었음을 보여 준다. 섬사람들의 정서와 부합하는 상호관계가 중요했다. 그러한 바탕이 있어야 해배된 이후에도 지속적인 교류가 가능했는데, 김윤식은 사상적인 면에서는 지도 유림들과 소통하기 어려웠다. 그 때문인지 김평묵보다 김윤식이 더 후대에, 더 오랫동안 유배 생활을 했던 인물임에도 현재의 지도 사람들 가운데 김윤식의 존재를 기억하는 이는 매우 적다.

지도향교의 옛모습

작은 섬이지만 1896년 지도군이 설립되면서 1군 1교의 원칙에 따라 향교가
세워졌다

향교에 출입하는 지도 사람들 대부분은 김평묵이 유배된 적이
있었다는 사실을 알고 있고 그를 숭상하는 경향이 있다. 반면,
김윤식의 경우는 추모의 대상이 되지 못한 것이 특징이다.

1901년 섬마을의 한가위 풍경

_____김윤식의 일기에는 다른 기록에서 쉽게 찾아볼 수 없는 섬 주민들의 다양한 민속 문화에 대한 목격담도 다수 포함되어 있다. 또한, 유배지 지도 외에도 현 신안군과 관련된 인근의 여러 섬들이 자주 언급되고 있다는 점이 장점이다. 병풍도·사옥도·선도·수도·당사도·임자도·흑산도·암태도·압해도·태이도·자은도·장산도 등 현 신안군에 속한 아래의 여러 섬 이름이 등장하고 있다. 기록에는 섬과 섬을 오가는 모습이 묘사되어 있어, 20세기 초 섬 지역 간의 교류관계를 엿볼 수 있다. 생필품의 마련을 위해 타 섬으로 식솔들이 다녀오거나, 타 섬에 있는 다른 유배인들과의 왕래가 이루어지기도 했다.

김윤식은 오랜 시간 지도에 머물면서 자신이 경험했던 각 마을의 풍속과 민속 문화를 자신의 시선을 토대로 기록해 두었다. 그 가운데 가장 백미는 1901년 9월 27일 김윤식이 지도로 옮겨 오던 첫해에 맞이한 한가위의 풍경이다. 마을 동장의 집안과 잔치에 대해 소개하는 내용이 아래와 같이 상세하게 담겨 있다.

오늘은 추석이다. 날씨가 맑고 아름답다. 이 고을은 여러 해 동안 풍년이 들어 들의 경치가 매우 좋다. 목롱리

(木籠里)에 이르러 점사(店舍)에 앉아서 쉬었다. 집들이 산 뜻하다. 마을마다 여자들이 술과 떡을 갖춰 무리 지어 그 친가로 음식을 올리러 간다. 붉고 푸른 옷이 서로 비추어 곱다. … 동쪽으로 고개 하나를 넘어 송항촌(松項村, 현 지도읍 내양리) 황 향장(黃 鄕長) 집에 이르렀다. 그 집 또한 깨끗하고 그윽하여 좋았다. 또 술과 떡을 내와 대접하였다. 오늘이 명절이라서 집집마다 술이 있어, 순식 간에 마련해 내온다. 일행이 배가 불러 이루 다 먹을 수가 없다. 송항 점사에 이르니, 동장이 미리 음식을 차려 놓고 기다리고 있었다. 집으로 돌아왔다. 햇빛이 저물어 간다. 밤에 달빛이 심히 아름답다. 마을 사람들이 징을 치며, 춤추고 노래하며 섞여 논다. 뜰로 불러들여 구경하였다. 소위 백일(百日)을 수고하고 하루를 즐기는 것이다.

마을 여성들이 저마다 아름답고 화려한 옷을 입고, 정성껏 음식을 준비하여 친가로 음식을 올리러 다녔다는 표현이 인상적이다. 이날만큼은 집집마다 풍요로운 한가위의 모습이다. 한가위 대보름달 아래에 마을 사람들이 함께 징을 치며 춤추고 노래하는 모습을 상상해 보니, 섬 문화의 여유로움과 신명이

절로 떠오른다. "백 일을 수고하고 하루를 즐긴다"라는 표현에 섬사람들의 문화에 대한 따듯한 애정이 담겨 있는 것 같다.

20세기 초 섬마을 주민들의 고통

1896년 고종은 섬마을 주민들이 받는 차별을 없애고, 섬에서 섬을 다스린다는 취지로 섬으로 이루어진 행정구역을 신설했다. 이때 지도군이 새롭게 설치되었다. 그런데 섬 주민을 위해 행정구역이 독립적으로 설치된 이후 섬 주민들의 생활환경은 오히려 나빠졌다. 원래 지도는 섬이지만 비교적 정주 환경이 좋은 곳이었다.

1901년 9월 1일 기록에는 "5월부터 7월까지 보리를 먹고, 7월부터 9월까지 서속을 먹는다. 10월부터 봄까지 쌀을 먹으니 세 시기의 추수에 족히 양식을 이을 수 있다. 목화를 심어 베를 짬으로써 옷을 만들어 입고, 소금을 구워 돈으로 바꿔 세금을 낸다. 부속 섬들이 대개 그러하니 집과 사람마다 풍족하다"라고 섬 주민들의 일상을 묘사하고 있다. 그런데, 이러한 평화가 부패한 관리들에 의해 파괴되어 갔다.

김윤식이 유배 시절 지은 「지도둔곡촌(智島芚谷村)」이라는 시에 "근래에는 세금으로 징수해 가는 것이 끝이 없어, 관리를 만나면 원숭이처럼 놀란다. 줄줄이 내려온 서울 벼슬아치들은 저마다 나라를 살리기 위한 재원 마련이라고 한다. 염전과 어장은 이리하여 날로 쓸쓸해지고, 대나무 세공업자들도 폐업이 속출하고 있다. 오직 토지만은 차마 버리지 못해 농사짓지만, 첩세(疊稅)가 고슴도치 털처럼 많다"라는 표현이 담겨 있다. 지도군을 설립한 것이 오히려 섬 주민들에게는 독이 되고 있는 상황을 암시하고 있다.

임자도 주민들의 민란에 대한 증언

_____ 1902년 지도와 인접한 임자도에서 민란이 발생하는 초유의 사태가 발생했다. 『속음청사』에는 임자도 민란의 동향이 상세히 기록되어 있다. 1901년 9월 1일 기록에서부터 임자도 주민들이 수령의 침탈로 인해 흩어지고 있다는 내용이 등장한다. "잡세의 종류가 많아 끝이 없고 일호에서 거두어들이는 세금이 십여 차에 이르며, 세금 걷는 관리의 왕래가 끊이지 않는다. 또 수령과 이속의 침탈은 속도(屬島)가 더욱 심하니 백성들이 편안하게 살 수 없다. 임자도와 같이 백성이 집을 버리고 이산하는 경우가 많으니 어장 및 소금 가마 또한 많이 버려진다"라고 묘사되어 있다.

임자도 토호세력과 관리들이 결탁하여 섬 주민들의 생활이 참담한 지경에 이르렀다. 세금을 납부하지 않으면, 민가에

난입하여 곡물은 물론 가축과 살림살이 등을 수없이 담아 갔다. 당시 임자도 내 각동에 7백여 호가 있었는데, 집을 버리고 흩어지는 사람들이 많아 남은 사람들은 몇백 호가 채 되지 않았다. 이러한 상황을 견디다 못한 임자도 주민들이 연대하여 1902년 7월에 집단행동에 나섰다. 이때 모인 무리가 수천이었다.

주민들은 당시의 경찰인 순검(巡檢)을 내쫓고, 토호(土豪) 정준일(鄭駿逸)과 이성직(李聖直)의 집에 불을 질렀다. 임자도 사람들은 현명한 관리가 와서 이 일을 해결해 줄 것을 기대했으나, 기대는 이루어지지 않았다. 김윤식은 "농사의 형편을 살펴보니, 도처가 풍년이나 섬사람들만 구덩이에 빠진 것 같은 근심을 당하여 유리걸식하는 모습이 참혹하다"라고 당시 상황을 기록하였다.

결국, 1903년 3월 임자도 주민들이 섬을 떠나 직접 관찰사에게 호소하기 위한 길을 나섰다. 김윤식은 임자도 사람 4~5백 명이 섬을 떠나 자신이 머물고 있던 지도의 둔곡마을 앞을 지나는 것을 직접 목격했다. 그 이유에 대해서도 물어보았다. 온 섬이 소란하여 백성들이 삶을 의지할 곳이 없는 상황이었다. 노약자와 몸을 움직이지 못하는 자를 제외하고 모두 말린 식량을 싸서 광주로 향하고 있었다. 관찰사에게 호소하여 뜻대로 되지 않으면 장차 경성까지 갈 예정이었다. 밥을 굶으며 가야 하는 상황이라 도로에서 죽는 사람이 발생할 것이 자명했으나, 임자도 사람들은 그러한 괴로움은 달게 여기겠다는 자세였다. 그만큼 임자도 내의 상황이 처참했기 때문이다.

　　　원래 임자도는 매우 풍요로운 섬이었다. 김윤식은 1902년 8월 18일 기록에 "임자도는 의식(衣食)과 백물(百物)은 모두 외부 것을 쓰지 않는 낙토(樂土)"라고 표현하였다. 그런데 "몇 년 사이 관리 순검의 침학(侵虐)하는 고통으로 말미암아, 사람들이 많이 흩어졌다"라고 급변하는 섬 상황에 대해 탄식하였다. "임자도에서 민란이 일어난 일은 옛적부터 들어 본 일이 없다고 한다"라고 기록했을 정도로 임자도는 평화롭던 섬마을이었다. 그러나 지도군 설립 이후 관리들의 폭압으로 섬사람들이 자신들의 삶의 공간을 스스로 버리려 하는 지경에 이르게 된 것이다. 이러한 상황은 임자도에만 해당되는 것이 아니었다. 김윤식은 "모든 섬이 같은 근심이다"라고 기록하고 있다.

근대 교육기관 지명학교의 설립 과정

　　　김윤식은 유배 시절 섬마을에서 서당을 열어 후학을 양성하지는 않았던 반면, 근대 교육기관의 설립에 많은 관심을 두었다. 김윤식이 머물던 시기에 지도에는 근대식 교육기관인 '지명학교(智明學校)'가 설립되었다. 김윤식은 지명학교를 수시로 방문하며, 학교 교사들을 격려하였다. 『속음청사』의 기록은 지명학교 창립 시기의 상황에 대해 살펴볼 수 있는 거의 유일한 자료이다. 지명학교는 현 지도초등학교의 전신에 해당된다. 지도초등학교에서 발간한 『지도초등학교백년사』에는 1909년 6월 22일 지명사립학교로 개교했다고 언급되어 있다. 김윤식의 기록을 보면 이 학교의 연혁은 그보다 더 오래되었다. 이미 1905년 5월에 지도군수에 의해 학교에 대한 설치 논의가 이루어졌다.

　　1905년 5월 13일 기록에 "본관이 읍내에 학교 설치를 의논하였다. 학교 생도에게 일본말을 가르칠 참위 김형섭(金亨燮)을 초빙하여 교사로 삼았으나, 마을 사람들은 일의 내막을 알지 못하고, 대부분 피하려고 하여 한 사람도 응모하는 자가 없고 오로지 읍내의 아전과 군교의 자손 5~6명뿐이었다. 나는 적동 김경우를 만나 그로 하여금 학교에 나아가도록 권하였다"라고 되어 있다. 설립 직후 학교의 운영은 순탄하지 않았다. 교사를 맡은 김형섭은 지도에 유배된 사람이었는데, 학교 운영을 시작하자마자 방면 소식을 듣게 되었다. 김윤식은 이로 인해 학교가 중도에 폐교될까 매우 염려하였다. 그러나 학교는 지속되었고, 1년 후에 학교가 꽤 자리를 잡을 수 있었다.

　　1906년 10월 22일 일기에는 지명학교의 시험일 풍경이 담겨 있다. 섬마을 근대 교육기관의 초창기 모습을 묘사한 매우 귀한 기록이다.

> 금일은 읍의 서쪽 지명학교의 가을 시험이다. 학도들이
> 시험 보는 것을 살펴보았는데 학도는 대소 30명으로 어
> 린아이는 7~8세부터 많게는 20세까지이다. 시험은 일
> 어와 산술이고 모두 능력의 차이는 없다. 시험을 마치고
> 운동장으로 나가 좌우로 무리를 나누었는데, 나누고 합
> 하고 나아가고 물러남이 가지런하고 조리가 있었다. 학
> 도 중에 군악대가 있었는데 일본 교사가 교습시킨 것이
> 다. 운동에는 아홉 가지가 있었다.

이 기록에서는 '지명학교'라는 구체적이고 고유한 이름이 사용되고 있다. 일기의 내용을 보면 지명학교가 전통적인 서당 교육의 형태에서 벗어나 근대적인 교육기관으로서의 면모를 갖추고 있었음을 알 수 있다. 김윤식의 지도 유배 시절 기록에는 지명학교에 대한 기록이 꾸준히 등장하고 있으며, 해배될 당시에 지명학교 학생들이 뱃머리까지 나와 배웅했다는 내용도 남아 있다.

지명학교는 섬으로 이루어진 현 신안군 지역에서 최초

로 설립된 근대식 교육기관으로서 의미를 지닌다. 반면, 지명학교의 교육내용을 보면 이 시기부터 섬 지역에도 식민지 교육이 시작되었다는 점도 알 수 있다. 일본어가 주요 교육내용 중하나였고, 일본인 교사도 교육에 참여하고 있었다. 이는 20세기 초 섬 유배인의 기록에 나타나는 독특한 시대상이다.

1896년 지도군이 설립된 이후 초대 군수로 지도군에 부임한 오횡묵의 경우는 향교 교육시설인 양사재를 설립하기 위해 많은 공을 기울였다. 그런데 불과 10년 후에 근대적인 교육시설인 지명학교가 등장하고 있다는 점은 많은 시사점을 준다. 그만큼 사회적으로 큰 변화가 일어나고 있는 시점이었다. 10년의 차이지만 섬 지역에도 새로운 문화가 수용되고 변화하는 양상이 나타나고 있음이 김윤식의 기록을 통해 확인된다.

유배지에서의 상업 활동

근대기 유배인인 김윤식의 지도 유배 생활에서 나타나는 독특한 특징은 유배인이 유배지에서 상업 활동을 했다는 점이다. 김윤식은 유배 생활에 필요한 경비 마련을 위해 여러 가지 상업 활동을 시도하였다. 그는 식솔들과 함께 적거지에서 생활했기 때문에 만만치 않은 경비와 생필품 수급에 대한 대책이 필요했다. 집을 고치고 사람을 부리는 데 기본적인 비용이 지출되었다. 둔곡마을에는 땔나무가 귀해서 인근 해제에서 땔나무를 사서 배로 운반해 와 사용했다. 또한 건강상 여러 약재를 구입하는 데도 상당한 경비가 지출되었다.

『속음청사』에는 경비 마련을 위해 다양한 상업 활동을 시도했음을 확인할 수 있는 단서들이 남아 있다. 지역 특산품인 소금과 민어를 주로 활용했다. 지도에 함께 머물면서 김윤식의 수발을 도왔던 황병욱이 그러한 일을 담당하였다. 지도는 전통적으로 소금 생산지였다. 현지에서 소금을 구입한 후 타지역에 판매하였다. 그 수익금으로 유배 생활에 필요한 경비를 충당하였다. 소금 장사가 때로는 이익을 남기지 못하고 손해를 보게 되었다는 기록도 남아 있다. 민어는 지도와 인접한 임자도가 주 생산지였고, 민어 시장이 형성되어 있었다. 황병욱이 직접 배를 타고 임자도 태이도(苔耳島)에서 열리는 민어장(民魚場)에 가서 민어를 구입한 후 적동 앞 포구로 운송해 왔다. 그 이후에는 둔곡마을 동장인 김도신(金道信)이 위탁받은 민어를 자신의 배에 실어 출항하여 외지에 나가 팔아 오는 형태였다.

소금과 민어 판매 외에 인근 지역에서 땅을 경작한 기록도 발견된다. 1906년 7월 16일 일기에는 "해제에서 작년에 거둔 쌀을 팔아서 새로운 땅을 더 샀다"라는 기록이 남아 있다. 지도와 인접해 있는 무안 해제 지역에 농지를 매입하여 그것을 소작인들에게 맡겨 쌀을 직접 생산하고, 거기서 생긴 수익금으로 새로운 땅을 사기도 하는 흐름으로 이해된다. 이처럼 김윤식은 유배 시절에 직접 농지를 경영하기도 하고, 지역의 특산물을 외부로 보내 판매하는 중개무역 형태의 상업 활동을 통해 유배 생활에 필요한 경비와 생활물자를 마련하였다.

기존에 알려진 섬 유배인들의 경우 대부분 서당에서 후학을 지도하는 것을 생계유지의 수단으로 삼는 사례가 많았다. 그러나 김윤식은 보다 적극적인 방식으로 유배지에서 필요한 경비를 충당해 나가고 있었다. 이는 20세기 유배인이 보여 주는 매우 변화된 양상이며, 물산이 풍요롭고 해로가 발달한 '지도'였기 때문에 가능한 일이었다.

20세기 초 유배인의 섬 일기

김윤식은 외딴섬에 살면서도 주변의 소식과 사회상의 변화에 많은 관심을 기울였다. 각종 신문에 나오는 시사적인 내용들을 꼼꼼하게 일기에 기록하고, 자신의 견해를 곁들였다. 김윤식이 유배인이었음에도 시사적인 부분에 대한 내용을 자세하게 일기에 기록할 수 있었던 것은 이 시절부터 신문이라는 것이 발행되었고, 목포가 개항된 후 서남해 도서 지역에도 공급되고 있었기에 가능한 일이었다. 김윤식은 국민신문·대동

신문·대한매일신문·목포신문·제국신문·한성신문·황성신문 등을 입수하여, 세상 돌아가는 소식을 꾸준히 접하였다.

때문에 김윤식의 일기는 단순히 개인의 기록에 그치는 것이 아니라, 20세기 초 격동의 한국사가 고스란히 담겨 있다. 김윤식이 유배되어 있던 시절 을사조약이 강제로 체결되었고, 러일전쟁이 발발하였다. 『속음청사』는 그와 관련된 국내외 정세와 당시 인식에 대한 생생한 증언과도 같은 역할을 한다. 무엇보다 김윤식의 일기는 섬 주민들과의 교류와 유배 시절 자신이 직접 목격하고 경험한 내용이 다양하게 담겨 있어 당시 지도군을 비롯한 서남해 도서의 사회상을 연구하는 데 가장 방대한 자료가 된다. 김윤식이 지도 유배 생활을 하던 시점은 1897년 목포가 개항된 이후 목포항과 다도해의 해상 네트워크가 형성되어 가던 시기이다. 김윤식이 유배 시절 남긴 기록에는 그러한 양상을 살필 수 있는 근거 자료들이 많이 남아 있다. 근대로 전환되는 시점에서 빠르게 변해 가는 시대상과 섬 생활상이 반영되어 있다는 면에서 그의 지도 유배 생활은 더욱 주목할 만한 가치가 있다.

에필로그: 섬사람들의 탈경계적 공간인식

섬에 사는 지식인들 사이에는 유교적 이념에 뿌리를 둔 현실 공간을 초월하는 독특한 탈경계인식이 존재했다. 그것은 유배인을 포함하여 섬에 사는 사람들이 지닌 정신적 힘이었다. 이 전통을 이해해야만이 유배인의 섬생활과 그들이 남긴 각종 기록의 의미를 제대로 살필 수 있다.

예전에 '한국고전연구학회'와 필자가 활동하고 있는 섬 전문연구기관인 목포대학교 '도서문화연구원'이 해양 문학을 주제로 공동학술행사를 한 적이 있었다. 당시 토론 시간에 고전문학을 전공하는 학자들 사이에서 섬 유배인들이 남긴 기록을 보면, 현실은 너무나 힘든데 이와는 반대로 현실을 매우 이상적으로 표현한 비정상적인 부분이 많아서 왜 그랬는지 의문이라는 의견이 나온 적이 있었다. 이는 섬사람들이 지닌 독특한 '탈경계적 공간인식'의 전통에 대한 이해가 필요한 부분이다. 그 정신적 뿌리를 알게 되면 쉽게 이해할 수 있는 특징이라, 오랫동안 섬 문화상과 유배인 연구를 해 온 경험에 의한 의

견을 전달하고 공감을 얻은 바 있다. 바로 그러한 유배인을 비롯하여 섬에 살고 있는 사람들이 지녔던 독특한 지적 전통에 대한 이야기를 덧붙이면서 이 글을 마무리하고자 한다.

유배인들이 어색하고 힘든 섬 지역에서의 유배 생활을 견뎌 낼 수 있었던 데에는 섬 주민들의 도움이 가장 컸다. 그런데, 또 하나 흥미로운 점은 섬에서의 생활을 이겨 내고 스스로 위안 삼을 수 있었던 정신사적인 전통이 존재했다는 점이다. 섬에 대한 편견 중 하나가, 섬사람들은 학문이나 예법 등 형식에 얽매이지 않고 매우 자유분방했을 것이라는 점이다.

그러나 조선시대는 유학의 시대였고, 섬에 사는 사람들 또한 유교적 정서라는 테두리 안에 있었다. 때문에, 섬에 사는 지식인들 사이에는 유교적 이념에 근거하여 현실 공간을 초월하는 독특한 탈경계 인식이 존재했다. 그것은 유배인을 포함하여 섬에 사는 사람들이 지닌 정신적 힘이었다. 이 전통을 이해해야만이 유배인의 섬 생활과 그들이 남긴 각종 기록의 의미를 제대로 살필 수 있다.

공자가 말한 난세의 유토피아, 섬

섬 문화를 공부하다 보면 섬사람들과 관련된 옛 문헌을 접할 때가 있다. 각종 기록물에는 섬사람들 특유의 지적 전통을 확인할 수 있는 단서들이 숨겨져 있다. 처음 관심을 지니게 된 것은 우이도에서 본 『운곡잡저(雲谷雜著)』라는 문집의 필자 이름 때문이었다. 『운곡잡저』는 정약용의 강진 유배 시절 제자였던 이강회(李綱會)가 1818년~1819년 사이에 현 신안군 도초면 우이도에 머물면서 집필한 문집이다. 이 책의 저자 이름을 적는 부분에 "擊磬子 著(격경자 저)"라고 적혀 있다. 처음에는 '격경자(擊磬子)'가 무슨 뜻인지, 왜 이강회가 '격경자'라는 호를 저자명으로 사용했는지 의문이 들었다. 이는 이강회라는 인물이 스스로 우이도에 들어와서 관련 문집을 남기게 된 배경과 '격경자'에 대한 옛 고사(古事)를 확인하면서 이해할 수 있게 되었다.

이념적 뿌리는 『논어』 미자편(微子篇)에 나오는 "격경양(擊磬襄) 입어해(入於海)"와 관련된 옛 고사에서 찾아볼 수 있다. 이 구절은 노(魯)나라가 쇠약해져 세상이 혼란에 빠지자, 주변에 현인들이 뿔뿔이 흩어졌는데, 이때 편경을 치는 '양(襄)'이라는 사람이 바다 가운데 섬으로 들어갔다는 의미이다. 이 고사에 빗대어 이때부터 섬마을에 유학의 풍속이 전파되기 시작했다는 유교적 통념이 형성되었으며, 이는 현인(賢人)이 섬에 은둔하면서 학문 연구에 매진한다는 인식으로 확대되어 후대에 전해졌다.

이강회는 자신이 우이도에서 남긴 문집이 '격경양'의 정신을 실천하는 것이라고 생각한 것이다. 그는 스승인 정약용이 유배에서 풀려 강진을 떠나게 되자 정약용의 형인 정약전이 유배 생활을 하다가 생을 마감한 우이도로 스스로 들어왔고, 섬을 새로운 학문터전으로 삼으면서 이 문집을 집필하였다. '격경자'라는 말을 사용한 것은 '격경양'이 바다로 들어가서 학문에 매진한 것처럼 자신도 섬마을인 우이도에 들어와서 학문에 몰두하고 있음을 내비치는 자기 의지의 표현인 것이다.

유배인의 자부심, "격경양 입어해"

　　　　주목되는 점은 이강회가 스스로를 '격경자'라고 표현한 이 사상적 배경이 이강회 개인에게만 국한되는 것이 아니라, 다른 유배인을 비롯하여 섬에 들어와 은둔하게 된 학자나 섬 지역의 토착 지식인들의 글에서도 공통적으로 나타나고 있다는 점이다. 즉, 현인이 속세를 등지고 섬에 들어가 학문에 몰두하게 된다는 이 논리는 이후 유학의 정신세계 중 하나의 이념으로 자리를 잡게 되었다.

　　　　몇몇 기록에서 확인되는 사례를 예로 들어 보겠다. 먼저 유배인의 기록이다. 섬에 강제로 유배되어 살아야 했던 사람들의 경우에 더욱 폭넓게 나타난다. 조선 후기 임자도에 유배 왔던 유학자 김령(金欞, 1805~1864)이 남긴 기록인 『간정일록

(艱貞日錄)』에 관련된 내용이 남아 있다. 김령은 1805년 경상도 단성현 상산 김씨 가에서 태어난 인물로 1862년 7월 단성민란과 관련하여 임자도에 유배되었다.『간정일록』1863년 7월 12일 기록에는 김령을 찾아온 박상호(朴尙顥)와 나눈 대화 내용이 적혀 있다. 박상호는 "여러 섬들의 풍토와 물정과 인심, 풍습이 극히 순박 순후하다"라고 이야기하면서, 그 이유가 "소사양과 격경양의 영향"이라고 말하였고, 김령은 장서의 말에 과연 그러하다고 동의하고 있다.

박상호는 김령을 만나기 위해 임자도에 찾아온 인척으로 임자도에 머물면서 주변의 여러 섬을 둘러보았다. 그는 생각보다 섬사람들의 인심이나 문화가 순박하다고 느꼈는데, 그 이유를 "격경양 입어해"의 옛 고사에 빗대어 인식하고 있음을 알 수 있다. '격경양'이 섬에 들어와 전파한 문화를 섬사람들이 취하여 오늘날의 풍토가 형성되었다는 인식으로 연결되고 있다. 공간인식에 있어서 문화가 단절되어 천박할 것이라는 섬에 대한 고정관념이 전환되고 있음을 알 수 있다.

이러한 인식의 연원은 그 뿌리가 매우 오래되었다. 1506년 거제도에 유배되어 관노의 신분으로 노역 생활을 했던 이행(李荇)이 지은『해도록(海島錄)』에서도 관련된 표현을 찾아볼 수 있다. "격경은 옛날 바다로 들어갔다 하였고"라는 표현이 남아 있다. 이 역시 『논어』 미자편에 나오는 '격경양'이 '섬'으로 들어갔다는 구절을 빗대어 현인이 어지러운 세상을 피해 은둔해 있다는 자기 위안적 공간인식을 은유적으로 표현한 것이다.

형제가 각각 섬과 내륙에 유배된 사례인 정약전과 정약용 형제가 주고받은 시문에서도 이러한 인식은 발견된다. 흑산도에 유배되어 있던 형 정약전을 그리워하며, 정약용이 쓴 「칠회(七懷)」에도 '격경양'이라는 표현이 등장한다. 육지인 강진에서 유배 생활을 하던 정약용이 흑산도에 있는 형의 상황을 은유적으로 표현하는 부분에서 '격경양'의 옛 고사가 차용되었다.

섬 주민들의 지적 전통

_____유배인이나 외부에서 섬에 들어온 인물이 아닌 섬에 살고 있던 지역민의 사례에서도 그러한 인식은 발견된다. 현 신안군 임자도 회산마을에 거주하던 김경식(金敬殖, 1857~1929)이 남긴 시에 이를 상징하는 표현이 남아 있다. "경쇠치며 배회하며 바다 사람 되었지"라는 표현이 등장한다. 이 시에는 섬에서 사는 사람들의 삶을 "격경양 입어해"의 고사에 빗대어 은유적으로 표현하면서 필자 자신도 그 풍속을 이어 가고 있다는 의미가 담겨 있다.

보다 후대지만 임자도 유림 이학재(李鶴在, 1881~1950)의 사례는 더욱 주목된다. 이학재는 일제강점기 임자도 삼두리에 거주하던 유학자로 임자도 화산마을에 조성된 화산단(華山壇)에 배향된 인물이다. 그의 제자들이 융사계(隆師契)를 설립하고 계안을 만들었는데, 그 계안의 이름이 '격경안(擊磬案)'이라 불렸다. 이 역시 섬마을 유림인 이학재의 삶을 '격경양'의 고사에 견주어 칭송하고 있는 것이다.

　　이러한 인식을 섬사람들이 느끼는 '탈경계적 공간인식'이라고 볼 수 있다. 비록 섬이라는 특수한 공간에 살고 있지만 스스로 공자의 정신을 이어 가고 있다는 자부심이 섬을 고립의 공간이 아닌 공자 정신의 유토피아로 인식하게 하는 것이다. 조금 확대해석하면 섬에 대한 탈경계적 공간인식이 바탕이 되었기 때문에 유배인이 힘든 섬 생활을 이겨 낼 수 있었고, 반대로 섬사람들 입장에서는 형식상 죄를 짓고 섬에 보내진 사람들을 스승의 예로 대하는 전통이 형성될 수 있었다.

'소통'의 상징이자 이야기 자원의 보고, 유배

　　대한민국에는 섬이 많다. 그러나 그 섬이 지닌 가치에 우리는 너무 무관심했다. 천연의 아름다움을 지닌 자연환경, 해양영토로서의 소중한 우리 땅이라는 인식이 최근에는 조금씩 증가하고 있어 다행이다. 하지만 여전히 '섬'이라는 공간을 바라보는 인문적 시선은 부정적인 느낌이 강하다. 사람이 살기 척박한 곳, 죄지은 유배인들이 살던 곳이라는 인식들이 쌓여 섬을 고립과 소외의 공간으로 보는 인식이 오랫동안 주류를 이루어 왔다.

이제는 문화다양성을 창출한 소통과 교류의 공간으로서 '섬'을 주목하는 것이 필요하다. 섬 유배인의 문제가 중요한 것은 두 가지 장점에서 강조할 수 있다. 첫째, '섬'에 대한 공간 인식의 편견을 깨는 데 유리하다는 점이다. '섬' 공간에서 이루어지는 소통의 역사를 증명하는 매개체가 유배인과 섬사람들의 만남이다. 유배인들이 미개한 섬 주민들을 깨우쳐 준다는 식의 일방통행이 아니라 서로가 주고받는 상호관계에 입각한 소통과 교류의 역사가 이루어졌다. 그러므로 쌍방향의 시선에서 섬 유배인의 문제를 다시 생각해 볼 필요가 있다.

두 번째는 이야기 자원의 발굴에 유용하다는 점이다. 지금은 스토리텔링의 시대이다. 어떤 독특한 이야기 자원이 문화상품 개발과 관광 활성화의 토대가 된다. 유배인의 이야기가 주목되는 또 다른 이유이기도 하다. 우리 역사 속에서 정말 많은 유배인과 섬사람들의 만남이 이루어졌는데, 대중에게 널리 알려진 사례는 극히 드물다. 섬으로 흐르는 역사를 연구하는 데도 마찬가지이다. 그 어떤 기록에도 찾아보기 어려운 당대의 구체적인 사회상과 다양한 정보들이 섬 유배인이 남긴 기록에 담겨 있다. 이를 토대로 무궁무진한 이야기 자원을 발굴하고, 문화산업으로 발전시켜 나가기 위해서도 섬 유배인에 대한 관심이 더 늘어나기를 바란다.

유배문화에 대한 재조명

최근 들어 전국의 지자체들이 유배문화를 활용하여 각종 기념시설을 만들고, 관광자원으로 활용하는 추세이다. 빠르고 각박하게 돌아가는 현대 도시인의 삶에서 약간의 여유와 쉼을 돌아보게 하는 콘텐츠로서 섬의 유배문화가 주목되고 있다.

제주도에서는 이미 1984년에 추사 김정희의 적거지가 복원되었고, 지난 2010년에 추사기념관이 조성되었다. 서포 김만중이 '노도'라는 섬에서 유배 생활을 하며 구운몽을 지었던 남해시에서는 2010년에 '남해유배문학관'을 개관했다. 신안군에서는 정약전이 유배 생활을 했던 흑산도에 자산문화관과 유배문화공원을 조성하였다. 또한, 조희룡이 유배 생활을 했던 임자도에 적거 건물인 '만구음관'을 복원하였고, 2016년에는 조희룡기념관을 개관했다. 완도군도 신지도와 고금도에 유배인과 관련된 기념공간을 조성하고 있다.

지자체에서 유배인 문제에 관심을 가지게 된 흐름에는

새로운 관광자원 개발이라는 목적이 가장 우선시되어 왔다. 그러나 단순히 유배인 개인에 대한 선양보다는 그러한 유배문화가 지역의 변화와 발전에 어떤 영향을 주었는지, 유배인과의 상호관계를 통해 새롭게 창출된 문화다양성은 무엇인지에 대한 관심을 더 늘렸으면 좋겠다. 단순히 어떤 개인을 선양하기 위한 기념관이라면 굳이 섬 지역에 설치할 이유가 없다. 섬에 조성하는 유배인 기념관은 그 유배인의 섬 생활과 섬 주민과의 관계에 초점을 맞췄을 때 더 의미가 있는 것이다.

'섬'은 공간적으로 단절의 이미지가 강하다. 그러나 섬 사람들의 인문환경에는 '소통과 교류'의 요소들도 많다. 유배인의 문제는 그러한 측면에서 중요한 탐구주제다. 앞으로의 유배인에 대한 연구도 그러한 시각에서 진행되기를 바란다. 곳곳에 만들어지는 유배문화 관련 기념관도 섬 고유의 문화상과 유배문화가 남긴 교훈을 체험하는 내용이 중심이 되기를 기대한다.

■ 필자의 관련 논문

※ 이 책은 아래와 같은 필자의 연구논문을 바탕으로 작성된 것입니다. 본문에 사용된 인용 문의 세부적인 출처는 아래 논문을 참조해 주기 바랍니다.

「유배인 김약행의 〈유대흑기(遊大黑記)〉를 통해 본 조선 후기 대흑산 도」, 『한국민족문화』 36, 한국민족문화연구소, 2010.

「19세기 초 문순득의 표류 경험과 그 영향」, 『지방사와 지방문화』 13-1, 역사문화학회, 2010.

「조선 후기 추자도 유배인의 추이와 생활 양상」, 『도서문화』 37, 목 포대학교 도서문화연구원, 2011.

「섬사람들의 탈경계적 공간인식과 지적 전통 —유교이념과 신안군 사례를 중심으로」, 『도서문화』 41, 목포대학교 도서문화연 구원, 2013.

「'두류단(頭流壇)'을 통해 본 김평묵의 지도(智島) 유배 생활: 그 소통 과 영향」, 『민족문화논총』 56, 영남대학교 민족문화연구소, 2014.

「《속음청사(續陰晴史)》를 통해 본 20세기 초 김윤식의 지도 유배 생활과 도서 지역 사회상 변화」, 『인문논총』 34, 서울대학교 인문학연구원, 2014.

「정약전의 흑산도 유배 생활과 저술 활동」, 『지역과 역사』 36, 부경역사연구소, 2015.

「1897년 지도군수 오횡묵의 도서순행과 《심진록》에 담긴 도서지역 향촌사회 정보」, 『지역과 역사』 38, 부경역사연구소, 2016.

「《자산록(玆山錄)》을 통해 본 19세기 후반 박우현의 우이도 유배 생활과 섬 사회상」, 『지방사와 지방문화』 20-1, 역사문화학회, 2017.

■ 기타 관련 자료

김약행 편

고석규, 「설군 논의를 통해 본 조선 후기 섬의 변화」, 『도서문화』 15, 목포대학교 도서문화연구소, 1997.

국립박물관, 『西海島嶼調査報告』, 을유문화사, 1957.

국립해양문화재연구소, 『우이도』, 2009.

권오호 역, 『金理守傳記』, 신안문화원, 2003.

김경옥, 『朝鮮後期 島嶼硏究』, 혜안, 2004.

_____, 「18세기 김이수(金理守)의 격쟁(擊錚)을 통해 본 섬 주민의 부세(賦稅) 대응」, 『문중 고문서를 통해 본 호남 지역의 사회와

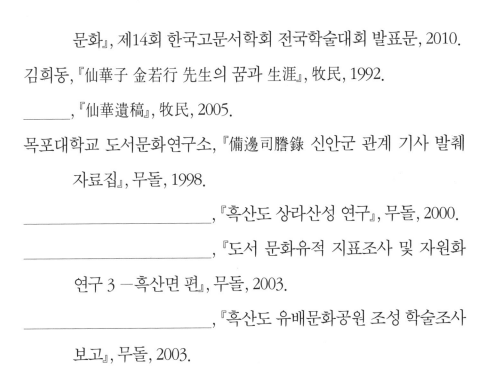

문화』, 제14회 한국고문서학회 전국학술대회 발표문, 2010.

김희동, 『仙華子 金若行 先生의 꿈과 生涯』, 牧民, 1992.

_____, 『仙華遺稿』, 牧民, 2005.

목포대학교 도서문화연구소, 『備邊司謄錄 신안군 관계 기사 발췌 자료집』, 무돌, 1998.

_____, 『흑산도 상라산성 연구』, 무돌, 2000.

_____, 『도서 문화유적 지표조사 및 자원화 연구 3 ─흑산면 편』, 무돌, 2003.

_____, 『흑산도 유배문화공원 조성 학술조사 보고』, 무돌, 2003.

이욱, 「17세기 말~18세기 전반 어염세(魚鹽稅) 수세규정(收稅規定) 정비(整備)와 관수관급제(官收官給制)」, 『朝鮮時代史學報』 26, 조선시대사학회, 2003.

이인산, 『삼대의 증언을 엮은 향토사 ─求古尋論』, 맥스타, 2009.

이해준, 「흑산도문화의 배경과 성격」, 『도서문화』 6, 목포대학교 도서문화연구소, 1988.

장선영, 「조선시기 유배(流配)와 절도정배(絶島定配)의 추이(推移)」, 목포대학교 석사학위논문, 2000.

전라남도, 『전남의 섬』, 2002.

정석조, 『詳解 玆山漁譜』, 신안군, 1998.

최성환, 『신안의 문화유산』, 신안군·신안문화원, 2008.

한글학회,『한국지명총람』14(전남편 2), 1988.

정약전 편

강진군,『茶山 丁若鏞』, 2008.

국립박물관,『韓國西海島嶼』, 민족문화, 1957.

권오호 역,『金理守 傳記』, 신안문화원, 2003.

김영원,「연세대본《여유당집》에 대한 서지적 검토」,『南冥學研究』
　　　36, 경상대학교 경남문화연구소, 2012.

김형만·김정섭 역,『유암총서』, 신안문화원, 2005.

안대회,「다산(茶山) 제자 이강회(李綱會)의 이용후생학(利用厚生學)」,
　　　『한국실학연구』10, 한국실학학회, 2005.

이덕일,『정약용과 그의 형제들』, 다산북스, 2012.

이문웅,「자산어보(玆山魚譜) 출간의 산파역 정문기와 시부사와 케이
　　　죠」,『도서문화』43, 목포대학교 도서문화연구원, 2014.

이익성 역, 정약용 저,『經世遺表』, 한길사, 2011.

이준곤,「흑산도 전승설화로 본 면암 최익현과 손암 정약전의 유배
　　　생활」,『論文集』11, 목포해양대학교, 2003.

이태원,『현산어보를 찾아서』1~5, 청어람미디어, 2002~2003.

정명현,「정약전(丁若銓, 1758~1816)의 자산어보(玆山魚譜)에 담긴 해양
　　　박물학의 성격」, 서울대학교 석사학위논문, 2002.

정석조,『詳解 玆山漁譜』, 신안군, 1998.

최익현,『국역 면암집』, 솔, 1997.

허경진,「새로 발견된 손암 정약전의 시문집에 대하여」,『南冥學研究』36, 경상대학교 경남문화연구소, 2012.

_____,『손암 정약전 시문집』, 민속원, 2015.

허태용,「정약전(丁若銓)의 자산어보(玆山魚譜) 연구」,『韓國人物史研究』4, 한국인물사연구회, 2005.

홍순탁,「자산어보(玆山魚譜)와 흑산도방언(黑山島方言)」,『호남문화연구』1, 호남학연구원, 1963.

조희룡 편

고석규,「조희룡의 임자도 유배 생활에 대하여」,『도서문화』24, 목포대학교 도서문화연구소, 2004.

김영회,『조희룡 평전』, 동문선, 2003.

실사학사 고전문학사연구회 역주,『趙熙龍全集』, 한길아트, 1999.

최성환,『천사섬 신안, 섬사람 이야기』, 크레펀, 2014.

박우현 편

국립박물관,『韓國西海島嶼』, 민족문화, 1957.

김경숙,「조선시대 유배길」,『역사비평』67, 역사비평사, 2004.

김경옥,「간정일록(艱貞日錄)을 통해 본 김령(1805~1866)의 임자도 유배 생활」,『도서문화』37, 목포대학교 도서문화연구원,

2011.

김형만 역, 『자산록』, 신안문화원, 2016.

민족문화추진회 역, 『국역 면암집』 1, 솔, 1997.

신규수, 「조선시대 유배형벌의 성격」, 『한국문화연구』 23, 이화여자
      대학교 한국문화연구원, 2012.

장선영, 「조선시기 유형(流刑)과 절도정배(絶島定配)의 추이(推移)」,
      『지방사와 지방문화』 4-2, 역사문화학회, 2001.

김평묵 편

김정섭·김형만 역, 『지도군총쇄록』, 신안문화원, 2008.

_____, 『頭流壇實記』, 신안문화원, 2011.

김종섭, 『국역 市西遺稿』, 동신대학교 인문과학연구소, 2003.

목포대학교 도서문화연구소, 『흑산도 유배문화공원조성 학술조사
      보고』, 2003.

정일, 「류치명(柳致明)의 지도(智島) 유배생활(流配生活)에 대한 고찰(考
      察)」, 『제4회 전국해양문화학자대회 역사분과 발표자료집』,
      국립해양문화재연구소, 2013.

___, 「중암(重菴) 김평묵의 지도(智島) 유배 생활에 대한 일고찰(一考
      察) ─김평묵의 시문(詩文)을 중심으로」, 2013년 화서학회 학
      술대회 발표문, 2013.

최성환 외 역, 『김윤식의 지도 유배일기』, 신안문화원, 2010.

김윤식 편

김상수 역, 『운양시선집』, 이회, 2004.

김정섭·김형만 역, 『지도군총쇄록』, 신안문화원, 2008.

_____, 『頭流壇實記』, 신안문화원, 2011.

羅壽佑, 『全羅南道誌』, 전라남도, 1926.

지도초등학교·지도초등학교총동문회, 『智島初等學校百年史』, 2010.

정진영, 「섬, 풍요의 공간 -19세기 중반 한 유배객의 임자도 생활」, 『古文書研究』 43, 한국고문서학회, 2013.

최성환 외 역, 『김윤식의 지도(智島) 유배일기』, 신안문화원, 2010.

■ 기타

김경숙, 「조선시대 유배길」, 『역사비평』 67, 역사비평사, 2004.

박지연, 「18세기 조정철의 제주도 유배 생활과 문화콘텐츠의 활용 방안」, 목포대학교 석사학위논문, 2018.

신정일, 「유배객 조정철이 사랑했던 제주 여자」, 『신정일의 새로 쓰는 택리지 7 : 제주도』, 다음생각, 2012.